シリーズ 北九大の挑戦 5

# コラボラキャンパス
# ネットワーク
## 世代を超えて結びつく大学と地域

北九州市立大学 ［監修］
廣渡栄寿 ［編］

九州大学出版会

# はしがき

　毎年，新年度が始まる4月初旬には入学式や辞令交付式など大学の公式行事が開催されます。その中の一つに，市内の小さなお子さん，お母さん，そして年配のみなさん方が参加する調印式があります。学長室でコラボラキャンパスネットワークの代表のみなさんと協働事業の協定を結ぶ恒例行事です。前の年の1年間の活動について報告を受け，新たな年度の活動計画を説明していただきます。にぎやかな懇談の中で大学を含め7団体の代表者による署名が行われます。

　「シリーズ　北九大の挑戦」第5巻は，このコラボラキャンパスネットワーク（通称：コラボラ）の活動を通した大学の教育と地域貢献の話です。

　北九州市立大学は，2005（平成17）年4月に法人化しました。その年度に3ヶ月の試行期間を経て，翌2006（平成18）年4月から多世代交流・地域づくりの協働事業が始まりました。当初の参加団体は，大学と「乳幼児子育てネットワーク・ひまわり」，「高齢社会をよくする北九州女性の会」，「NPO法人北九州子育ち・親育ちエンパワメントセンターBee」の四者でした。その後3つの団体，「NPO法人GGPジェンダー・地球市民企画」と「NPO法人スキルアップサービス」，「Say! 輪（セイリング）」が加わり，コラボラは現在7団体で活動を展開しています。

　このコラボラキャンパスネットワークの活動は，「子育て支援を大学で」との矢田前学長の思いを受け，私が副学長のとき多世代交流キャンパスづくりの事業として始めました。公立大学としての北九州市立大学は，地域への貢献を理念に掲げています。市民のみなさんと大学の垣根をなくすだけでなく，地域との交流，そして大学教育に地域の力を取り入れたいとの思いをこめて，このコラボラの活動を事務局職員のみなさんと一緒に構想しました。

　シリーズ第5巻は，コラボラキャンパスネットワークに参加している団体のみなさんに執筆をお願いしました。そのまとめ役は，この活動にゼミの学生とともに参加している地域創生学群の廣渡栄寿教授です。加えて，この活動に関わっている大学の教職員のみなさんにも執筆をお願いしました。北九州市立大学が地域とともに活動しているその一つの姿をコラボラ10年間の歩みとしてお伝えできればと思います。

　この「はしがき」を執筆中の10月14日，コラボラキャンパスネットワークと留学生支援のNPO法人が合同で，恒例の秋の観月会を北方キャンパスで開催しました。赤ちゃんから，小学生，お母さん，お父さん，そして年配の方々と学生，留学生に教職員が集いました。手作りのお団子や衣かつぎ，ひときわオバナが映える秋の七草の生け花まで用意され，琴や尺八，小

## はしがき

倉祇園太鼓など日本の古典芸能，学生と子どもたちの踊りや留学生の出し物など異文化・多文化・多世代のグローカルな，ダイバーシティーの喧騒の中で，雲間から姿を現す中秋の十三夜月を楽しみました。コラボラキャンパスネットワークを体験した子どもたちが近い将来本学に入学し，このネットワークに参加し次世代を育てていく，そんな夢を懐きながら……。

2016（平成 28）年 10 月

北九州市立大学　学長
近 藤 倫 明

# 目　　次

はしがき ………………………………………………………… 近藤倫明　i

## 第1部　コラボラキャンパスネットワーク ……………………… 001

### 第1章　多世代交流・生涯学習モデル事業としての
### コラボラキャンパスネットワーク ……………… 冨安兆子　003

1　いまなぜ多世代交流・生涯学習モデル事業なのか　003

多世代交流・生涯学習モデル事業が必要とされる時代背景

    1.1.1　少子・高齢・人口減社会の到来

    1.1.2　社会的孤立という問題

    1.1.3　生涯学習という視点から

2　「コラボラネットワーク」としての活動　005

次世代育成への取り組みとネットワークの形成

    2.1.1　「高齢社会をよくする北九州女性の会」での取り組み

    2.1.2　「乳幼児子育てネットワーク・ひまわり」の取り組み

    2.1.3　「高齢社会をよくする北九州女性の会」と「乳幼児子育てネットワーク・
          ひまわり」とのネットワークの強化

    2.1.4　「WAM・子育て支援基金」による共同事業の運営
          （旧北九州市立中島保育所での取り組み）

    2.1.5　子育て支援団体間の連携力を高める

    2.1.6　自治体・国の取り組み

3　「コラボラキャンパスネットワーク」による活動　009

    3.1　「コラボラキャンパスネットワーク」組織の概要

    3.2　キャンパスネットワーク形成にいたる経緯

    3.3　重層的子育て支援システムとしての多世代交流

4　終りに　011

### 第2章　コラボラ講演会の運営 ……………………… 岩丸明江　013

1　ネットワークで取り組むコラボラ講演会　013

    1.1　これまでのコラボラ講演会

iii

目　次

　　1.2　コラボラキャンパスネットワーク会議での情報共有のあり方

　　1.3　講演会のテーマ決め

　2　講演会の参加者の声から　017

　　2.1　2015年7月 「Child Friendly Cities—子どもにやさしいまちってなぁに？」より

　　2.2　2015年11月「子どもたちが生き生きするまちは，きっと誰もが
　　　　生き生きするまち—心が折れるより，骨が折れるほうがましだ—」より

　　2.3　2016年9月 「外遊びで育つ—心と体の感覚のおはなし—」より

　3　講演会での運営スキル　019

　4　今後の課題と展望　020

## 第2部　参加団体の想い　021

### 第1章　北九州市立大学　　大村昭子　023

　1　地域貢献 ── 地域全体をキャンパスに　023

　　1.1　北九州市立大学とは

　　1.2　公立大学の使命

　　1.3　北九州市立大学の地域貢献

　　1.4　地域貢献度ランキング

　2　コラボラキャンパスネットワークとは　028

　3　多世代交流キャンパススタート　029

　4　大学とコラボラキャンパスネットワーク事業との関係　031

　5　コラボラキャンパスネットワークの成果　032

### 第2章　乳幼児子育てネットワーク・ひまわり　　岡田華絵　035

　1　乳幼児子育てネットワーク・ひまわりのなりたち　035

　　1.1　乳幼児子育てネットワーク・ひまわりとは

　　1.2　乳幼児子育てネットワーク・ひまわり沿革

　　1.3　活動内容

　2　「ハロハロカフェ」のこれまでとこれから　037

　　2.1　「コラボラひろば」から大学へ

　　2.2　「ハロハロカフェ」の第一印象

　　2.3　大学で活動することの特徴とは

　　2.4　運営に関わるようになってからの自身の変化

　　2.5　現在の子育て環境における「ハロハロカフェ」の意義

2.6　大学を拠点に活動発信することの可能性

## 第3章　NPO法人北九州子育ち・親育ちエンパワメントセンター Bee

································································· 中村雄美子　**047**

1　大学から地域へ──プレイパークで〈遊びあふれる街に！〉　047

2　大学構内で，北九州市内初の継続的なプレイパーク事業を開始　047

　　2.1　プレイパークとは

　　2.2　外遊びに関わる人材を育てる──「もっともっと外遊び講座」

3　プレイパークの政策提言をすすめる　051

　　3.1　北九州市子ども・子育て会議へ意見書

　　3.2　協働提案事業でプレイパークに取り組む

　　3.3　ユースとともに，子どもの遊び環境を支えていく

## 第4章　高齢社会をよくする北九州女性の会

····················· 冨安兆子・佐藤美子・香月純子　**059**

1　高齢社会をよくする北九州女性の会　059

　　1.1　発足に至る経緯

　　1.2　会の目的と活動・事業

　　1.3　より良い活動のための「学びの機会」の創造

　　1.4　これからの課題と展望（30年の歴史を踏まえて）

2　コラボラ菜園10年の歩み［菜園担当：香月純子の『菜園日誌』より］　062

　　2.1　菜園活動の始まり

　　2.2　キャンパスネットワーク菜園のはじまり

3　観月会　069

4　新年のつどい　072

5　おわりに　076

## 第5章　NPO法人GGPジェンダー・地球市民企画　·············· 岩丸明江　**077**

1　ファシリテーター入門講座を学内で開催する意味　077

　　1.1　講座のねらい

　　1.2　広報と参加の呼びかけ

2　講座への参加を通した学生の変化　080

　　2.1　参加者の問題意識

　　2.2　参加者がこの講座でつけたいと思っている力

3　参加者がデザインしたワークショップ　083

目　次

4　参加者が学んだこと　084

5　主催である GGP が学んだこと　086

## 第 6 章　NPO 法人スキルアップサービス　……………………　松田良輔　087

1　コラボラに参加する意義　087

2　担当事業──学生さんとの関わり　088

2.1　第 1 回シニア向け IT リーダー養成講座

2.2　第 2 回シニア向け IT リーダー養成講座

2.3　第 1 回・第 2 回ハロハロカフェ「パソコンよろず相談」

2.4　パソコン入門講座

2.5　第 3 回ハロハロカフェ「パソコンよろず相談」

2.6　コラボラ　10 周年　記念観月会

2.7　インターネット安全教室

3　結び──未来に向けて　095

## 第 3 部　コラボラキャンパスネットワークへの想い　………………　097

## 第 1 章　キャンパスへ，そしてキャンパスから，連携で新たな可能性を

……………………………………………………　恒吉紀寿　099

1　公立大学と NPO の実績と信用が出発条件　099

2　取り組みの特殊性　100

3　取り組みの持つおもしろさと期待──子育て支援とキャンパスの魅力　102

4　取り組みの持つおもしろさと期待──多世代交流とコミュニティ　104

5　モデル事業だからおもしろい──継続・発展し続けることを期待　105

## 第 2 章　子どもとつながる，子ども同士がつながる，大人同士がつながる

……………………………………………………　楠　凡之　107

1　発達（development）の糧となる生活世界を子どもたちと一緒に創造する　107

1.1　子どもたちの発達（development）の危機をどうとらえるか

1.2　子どもたちの「遊びの DNA」が再び活性化する生活世界を

1.3　コラボラキャンパスの「子どもの遊び場づくり」（プレイセンター）について

2　子育て支援と子育て共同の取り組み　111

2.1　今日の子育ての危機をどう捉えるのか──"赤ちゃん部屋のおばけ"が問いかけるもの

2.2　子育て支援と子育て共同の取り組みの課題

2.3　コラボラ，そして"さざん"の取り組みの社会的意義

目　　次

## 第3章　学生による多世代交流活動 ……………………………… 廣渡栄寿　**117**

1　地域創生学群の地域活動　**117**

2　コラボラキャンパスネットワークとの出会い　**119**

3　学生たちとの地域活動　**120**

4　コラボラ学生部　**122**

## 第4章　「子どもの遊び場づくり」を通して家族が成長するプレイセンター

…………………………………………………………………… 岩丸明江　**125**

1　プレイセンターとはなにか　**125**

　1.1　北九州市内初のプレイセンターが北九州市立大学ではじまる

　1.2　プレイセンター活動の，サークル・フリースペース（子育て広場）との違い

　1.3　プレイセンターの魅力

　1.4　プレイセンターでの成長をコラボラキャンパスネットワーク活動に活かして

　1.5　プレイセンターの特徴

　　1.5.1　プレイセンターの3つの活動

　　1.5.2　他の子育て支援活動との違い

　　1.5.3　これまでのサークル活動との違い

2　プレイセンターを地域に拡げる試み　**133**

## 第5章　小倉南区親子ふれあいルーム"さざん" ……………… 平原寿賀子　**135**

1　親子ふれあいルームとは　**135**

2　コラボラキャンパスネットワークが応募したわけ　**136**

3　運営で大切にしていること　**137**

4　学生やボランティアとの関わり　**138**

5　"さざん"利用者の様子　**139**

コラム1　地域貢献事業を担当して ……………………………… 堤　ちひろ　**143**

コラム2　コラボラキャンパスネットワークとの連携 …………… 中山賢彦　**145**
　　　　──北九州市立大学の地域貢献の視点から

**あとがき** ……………………………………………………………… 廣渡栄寿　**147**

付録　コラボラキャンパスネットワーク　沿革 …………………………… **149**

　　　コラボラ通信　創刊号（2008年9月号）………………………… **150**

**執筆者一覧** ……………………………………………………………………… **153**

vii

**第1部**

# コラボラキャンパスネットワーク

**第1章** 多世代交流・生涯学習モデル事業としての
コラボラキャンパスネットワーク

**第2章** コラボラ講演会の運営

> ## 第1章
> # 多世代交流・生涯学習モデル事業としての コラボラキャンパスネットワーク

## 1 いまなぜ多世代交流・生涯学習モデル事業なのか

### ■ 多世代交流・生涯学習モデル事業が必要とされる時代背景

#### 1.1.1 少子・高齢・人口減社会の到来

　30年余り前の日本で，1979年にアメリカで出版されたエズラ・ヴォーゲルの『ジャパン・アズ・ナンバーワン』という書物が話題を呼んだ。さらに遡ること30年，アメリカの喜劇俳優ボブ・ホープ主演の映画『腰抜け2丁拳銃』(1948年)の中で，弾の出ない拳銃を指して"メイド・イン・ジャパン！"と笑いを取るシーンがあった。まさに，"メイド・イン・ジャパン"が「安かろう悪かろう」の象徴的呼称であったあの日本が，敗戦後の窮乏と混乱の時期をくぐり抜け，さまざまな困難を克服してついに世界のナンバーワンであるアメリカをも追い越し，名実ともに世界一の位置を占めつつあるし，またそうなるであろうという趣旨の内容であったと記憶している。この本に書かれていたことはかなりの部分的中した。

　過去の苦い経験に学んで戦争を放棄し平和の希求に徹するという国民的選択をした日本では，戦争によって極度に減少した人口も，復興につれて増加に転じ，経済的にも成功した。戦争中の「滅私奉公」「欲しがりません勝つまでは」などの国家による抑圧や，戦争直後の，戦中以上に物資が不足した辛い体験の反動もあってか，自分の身を守るためには他人のことなどかまっていられないといった風潮も生まれたが，やがては，「一億総中流」という意識が一般化するほどに格差感の少ない，物質的にも豊かな国になった。

　国情が安定するにつれて，日本は多産・多死と短命がセットになった開発途上型から，少産・少死，長命型の人口構造に変化し，その行き着くところとして，少子高齢化・人口減少の世界的トップランナーとなった。

### 1.1.2　社会的孤立という問題

　戦前・戦中の全体主義的ナショナリズムへの反省と反発，戦後，急速に導入された民主主義への憧憬と未成熟な受容，家父長的家族像の表層的否定，産業構造の変化，それらの結果としての核家族化など，プラス・マイナスの諸要素が絡み合う形で変化が拡大進行した日本社会では，称揚されるわりには「個」の確立への手だてが不充分なまま世帯分離が進み，家族の規模は小さくなり，その延長線上で，寿命の伸長とともに高齢者のひとり暮らしが増加していった。

　幼い子どもたちにとっては，精神的，時間的に余裕のある祖父母世代に日常生活の中で「かまってもらう」体験は得難くなり，数少ないきょうだいの中では，年の離れたお兄ちゃん，お姉ちゃんと接触する機会は例外的になっていると言ってよい。

　一方，現在の高齢者世代は，性別役割分業に基づく社会構造のもとで，男性はおおむね企業の戦士として，女性は家事と家族のケア役割に徹するという生活パターンで生きてきている。その結果，職業生活からリタイアした後の男性や，主として家庭内でのみ生きてきた女性にとって，家族以外の他者との交流がほとんどないという「社会的孤立」の問題に直面することになった。

　他方，核家族化，少子化時代に育った若者世代もまた，年齢構成や生活基盤の異なる人々との交流は少なくなる一方である上に，気心の知れた同年代とのみ付き合うという傾向が強くなった結果，多様な他者との生身の関係性の上に成り立つコミュニケーション能力が育っていないという特徴を持っている。

　こうした諸要素を踏まえてみると，社会的，環境的に，人間としての行動パターンの軌道修正ができる場を地域生活のいたるところに備えていく必要があることが見えてくる。そのような場は自然発生的に存在することが望ましいのだが，自然に任せることは，現実には難しい状況にある。従って，意図的にシステムとして設けていくという選択しかないであろう。これを可能にする場として恰好の条件を備えているのが，大学という場ではないだろうか。

　今という時代は一つの因子として多様性が強く求められていると感じる。生き延びるための戦略として多くの生物が多様性を採用してきたが，大学もまた，専門性と同時に，開かれた場として機能するためにも多様性を選択していかなければならないのではないだろうか。

　北九州市立大学の場合も，地域に根ざす大学という期待を持たれている以上，どのように地域と関わりを持つかの戦略は大きな課題となるはずである。そこで学ぶ学生にとっては，やがて社会人として世に出ていく上でも，人間的教養や専門知識の習得と同様に，人間形成のための基礎訓練が必要不可欠である。地域に暮らす多様な世代の人々との，教員や学友に接するのとは一味違った刺激が，学生たちの今後に大きく利するのではないかと思われる。

### 1.1.3　生涯学習という視点から

　従来，地域の人々にとって大学はある種近寄りがたい，また，簡単に接近することは容認さ

第1章　多世代交流・生涯学習モデル事業としてのコラボラキャンパスネットワーク

れない場のように感じられてきた。一方，人生が長くなり，しかもグローバル化やIT化が著しい時代に生きる人々にとって，社会の変化に対応し，それなりの生き方を可能にするためには，生涯学び続ける必要がある。その意味でも，学びの場はできるだけ多様な内容を持ち，しかも心理的，物理的に接近しやすいことが大切であろう。そうした点からも，大学はきわめて有効な条件を備えており，大学図書館やキャンパス内の雰囲気を含めて，学生の学習環境を損なわない限り，地域の多様な人々を受け入れてほしいと思う。大学という場での活動を経験した市民が，わがまちの財産として大学の存在を喧伝したり，次の段階では，正規の学生としての立場で登場してくる可能性も決して低くはないのだから。

## 2 「コラボラネットワーク」としての活動

### ■ 次世代育成への取り組みとネットワークの形成

#### 2.1.1 「高齢社会をよくする北九州女性の会」での取り組み

「高齢社会をよくする北九州女性の会」は，安心して子どもを産み育て，安心して老いることができる「福祉社会」を目指して，1985（昭和60）年に発足し，以来市民としての立場でNPO活動に取り組んできた。

少子高齢社会をより望ましいものとするために，さまざまな実践活動や事業をとおして高齢者や高齢者をとりまく家族を支援すると同時に，若年世代の子育て支援を行い，女性の自立と社会参画の場を創り出すことを目的としている。

1994（平成6）年からは，少子社会に対応するため，育児世代への子育て支援「グランマ活動」（保育園の送り迎えや，保護者が帰宅するまでの時間を子どもと共に過ごすなどの，主として公的サービスの「隙間」を埋める活動）を加えることによって，社会の次世代育成力を高める試みを積み重ねてきた（第2部第4章に詳述）。

#### 2.1.2 「乳幼児子育てネットワーク・ひまわり」の取り組み

「乳幼児子育てネットワーク・ひまわり」は，"子育てを通して出会いが生まれる・人がつながる。子どもと一緒に親も専門家もWA！になろう"を合言葉に，1998（平成10）年5月に設立。多世代交流スペース「ハロハロカフェ」の運営を通じて，子どもを真ん中に，子どもに関わる全ての人たちが同じ目線で交流し，知恵を出し合い語り合うことで，人の輪を広げ，誰もが参加できる関係や環境をつくっていくためのヒューマンネットワークとして活動を展開している（第2部第2章に詳述）。

第 1 部　コラボラキャンパスネットワーク

### 2.1.3 「高齢社会をよくする北九州女性の会」と「乳幼児子育てネットワーク・ひまわり」とのネットワークの強化

　「高齢社会をよくする北九州女性の会」では，活動資金の一助とするため，毎年映画会を開催するなどの努力をしてきたが，もっと資金があればさらに活動を拡げ，深めて，時代が強く要請する事業に取り組むことができるのにと考えていた矢先，幸いにも 2003（平成 15）年に，社会福祉・医療事業団（現在，「独立行政法人福祉医療機構」。以下，WAM）の助成を受けることができた。

　そこで，次世代育成とそのためのネットワークの強化の課題を助成による活動の中心テーマに据え，重層的な活動にすること，特に，助成を受ける年度だけのイベントに終わらせずに，これから必要とされる活動の芽出しのための種蒔きとなるような活動に結び付けたいと工夫を凝らした。

　WAM 事業の前半は「一人親家庭」と「学童保育」の子どもたちに焦点を合わせて，親子ピクニックやミニコンサートを開催。後半は，協働のためのネットワークが形成されつつあった「乳幼児子育てネットワーク・ひまわり」が運営する「ハロハロカフェ」（子育てフリースペース）が開設されているビルの空き室を借りて，「子どもへの虐待をどう予防するか」をテーマとする「MCG（Mother Child Group）学習会」及び「オープンハウス」などを実施し，「乳幼児子育てネットワーク・ひまわり」のメンバーにも開放した。こうして，「乳幼児子育てネットワーク・ひまわり」との連携はさらに強められることになった。

　この活動は次の 3 つのことを「ねらい」とするものであった。

　1 つは，子どもの心と身体をのびのびと解放し，どの子も本来的に持っているはずの人間的な能力や感性に働きかけていくための活動であること。2 つ目は，育児中の親，特に母親をがんじがらめにしているさまざまな要因のうち，育児の重圧感を取り除き，時に「母親」の役割から解放することで，より根源的な一人の人間としてのめざめに至る道筋を模索すること。3 つ目は，社会的な次世代育成力を高めること。具体的には，ネットワークの拡大によって多面的に社会に働きかけると同時に，10 年間に及ぶ「グランマ活動」の経験を活かし，さらに強めて，特に大きな社会問題として顕在化しつつあった「児童虐待」の予防のために，「グランマ活動」のノウハウを精錬し，またそのための条件整備にもつとめる，というものであった。

### 2.1.4 「WAM・子育て支援基金」による共同事業の運営（旧北九州市立中島保育所での取り組み）

　2000（平成 12）年 6 月から小倉北区香春口の民間会社施設で，子育てほっとステーション「ハロハロ」を運営していた「乳幼児子育てネットワーク・ひまわり」が，その企業の都合もあって従来の活動場所を使用できなくなったことで，「高齢社会をよくする北九州女性の会」に新しい場を確保するための共同行動の要請があった。「高齢社会をよくする北九州女性の会」の代表である冨安が，「乳幼児子育てネットワーク・ひまわり」の活動に関わる助言者グルー

006

プの一員であった縁によるものである。

「乳幼児子育てネットワーク・ひまわり」と「高齢社会をよくする北九州女性の会」で「コラボラひろば運営委員会」を立ち上げたのは2004（平成16）年春のことであった。乳幼児親子のための環境が整った場所で，「子育て，子育ち，親育ち」をテーマにした市民活動や子育て支援策を，これまでの枠組みを超えて自由に試行，実践する場を作ることを，北九州市に共同提案するために，市内部の示唆もあって，いわば便宜的に設けた組織である。

これは，2003（平成15）年10月に市への「提案」という形で提出した旧中島保育所（小倉北区中島）利用案「子育てコラボラ広場（仮称）事業」の企画書が認められた結果であった。この企画は，2004（平成16）年6月から2005（平成17）年3月末まで「地域子育て支援モデル研究事業」として北九州市の委託を受けることとなった。旧中島保育所の利用について，「何らかの決定が出るまでの期間」という限定的利用許可に基づくものである。そこで，閉鎖されたばかりの旧中島保育所の建物と園庭を利用し，地域の人々にも門戸を開いて自由に出入りしてもらう手法をとった。

期限付きではあっても，場所が確保できたことでネットワーク化は一挙に進展した。2004（平成16）年度は，「乳幼児子育てネットワーク・ひまわり」がWAMの助成を受ける主体となり「子育てネットワーカー・ビオトープ事業—子育て・子育ち・親育ち講座を通して—」によって，以下のようなさまざまな事業をおこなった。

内容は，親子で楽しめる企画，専門家を交えてのグループワーク，子育てについての様々な知識を学ぶための講座，子育ての仲間づくりのための共同作業（手作りおもちゃ，食育調理実習など），ゆたかな遊びを子ども自身が創造するための取り組み，子育て支援に関わる諸団体のネットワークの構築などである。

成果として，様々な人と出会うことで，密室育児から解放される。また，子育てに必要な知識を得ることができ，育児不安が軽減される。そして新たな人間関係が生まれ，仲間とともに助けあい，支えあう子育ての輪を広げることができる。また，事業の実施を通してそこに関わるスタッフも養成され，子育て支援に新たなネットワークのビオトープが生み出されることとなった。

この流れの中で，常設の拠点を整備して子育て支援を展開することの必然性が，ますます痛感されることになった。旧中島保育所の利用期間が若干延長される可能性がでてきたことを受けて，次年度は「高齢社会をよくする北九州女性の会」がWAMの「子育て支援基金」の助成を申請し，翌2005（平成17）年度は，地域の親子が気軽に集える親子サロン「子育ち親育ちコラボラひろば」などを実施する「子育て支援ボランティアグループ・コラボレーション事業」を昨年度にひきつづき旧中島保育所で実施することができた。

この事業は，それまでバラバラに活動していた子育てに関する様々な分野・世代の団体に，旧中島保育所を利用してもらい，そこから団体間のネットワークを広げ，お互いの活動内容を理解し，影響しあい，協働できるところは協働し，つながっていくことを目指すものであった。これにより，支援者・当事者双方が広い視野を持ち，支援策の多様化，意識の向上が期待

第 1 部　コラボラキャンパスネットワーク

できることが確認された。

　この事業実施のために交替でスタッフ 1 名が常駐。活動場所が不足している子育て支援のボランティア団体への部屋の貸し出しや各団体同士の出会い促進をコーディネートし，事業の共同開催も行った。その他，乳幼児親子のための親子サロンの運営は，「グランマ活動」を担ってきたスタッフが主に担当した。

　北九州市には転勤などで引っ越してくる核家族が多いことから，親同士の出会いの場づくりや子育て中のちょっとした相談ごとにスタッフが対応するなどのきめ細かいサービスを提供した。親と子の関係を考える「P・C・G（ペアレント・チャイルド・グループ）ミーティング」や，子育て支援に関わるボランティア団体の活動報告会を実施したほか，「お月見会」や施設の敷地内に「コラボラ菜園」と名づけた菜園をつくり，カボチャ，きゅうり，トマトなどを子どもたちと一緒に育て一緒に収穫した。

　場の一つとして，「コラボラひろば」の園庭では，菜園ボランティアが土壌づくりに励み，季節ごとに野菜や花を植えた。参加親子と一緒に収穫し，季節を感じながら採れたて野菜を皆で調理して食べることは，昨今の社会状況ではなかなか得難い経験である。収穫特別企画である夜の親子サロン・お月見会には父親の参加も多く，家族連れで秋の風情を楽しんだ。

　親と子の関係を考える「P・C・G」では，子どもが遊びなれた場所で託児ができたので，はじめてのグループを体験した親子も安心して参加できた。

### 2.1.5　子育て支援団体間の連携力を高める

　さらに近隣の子育て支援団体間の交流を促進するため，コーディネーターを 1 人置き，会議などを開催して情報交換を進め，共同で事業を実施してみようと「夏祭り」を 2005（平成 17）年 8 月に実施した。

　この「夏祭り」では，賑やかで楽しい催しのほかに，市内の子育て支援団体の活動を市民に周知するためのパネル展も実施した。パネル展では，シルバー人材センターが行っている一時預かり保育の紹介や NPO 法人北九州まなび場の不登校に関する支援など，この交流事業に参加した近隣 12 団体の活動内容を展示した。

　この事業では，拠点があることで多岐にわたる事業を行うことができ，事業内容の実績もさることながら，行政や関係者に子育て支援に対する地域のニーズをアピールすることができた。

　旧中島保育所での共同事業により多様な成果が得られたこともあって，このような場所での活動を，単発ではなく定期的に継続してほしいとの声が多く寄せられたが，取り壊しが決まっていたこともあり，助成事業終了後は，継続利用ができないことは明白であった。運営上でも，子育て世代が安心して参加できる場や，専門家，託児者の確保は人材面，資金面でも難しく，今後知恵をしぼることになった。

　次の居場所を探し，いくつかの候補が考えられた中で，大学を拠点とする活動への模索が始まった。

### 2.1.6 自治体・国の取り組み

2003（平成15）年度，国のレベルひでは，特定非営利活動促進法（NPO法）の改正，次世代育成支援対策と推進法の公布・施行，少子化対策基本法の公布・施行，2004（平成16）年には，育児・介護休業法の改正（翌年4月施行），改正配偶者暴力防止法の施行と，矢継ぎ早の進展があった。

2003（平成15）年に制定された国の「次世代育成支援対策推進法」に基づいて，北九州市も「次世代行動計画」を策定，2005（平成17）年度から2009（平成21）年度にかけての計画中間案をまとめた。

それによると「子どもの成長」と「子育て」を地域で支え合うまちづくりの目標にかかげ，「具体的な目標値や実施期間を定めて北九州らしい取り組みを進める」としている。同年の国の「少子化社会対策基本法」の成立も踏まえ，社会全体で取り組む第一歩は，ようやくその緒についたことになる。

北九州市での民間の取り組みは様々にあり，2004（平成16）年の段階で，育児サークル113グループ，育児者によるフリースペースも68ヶ所活動しているとされる。育児の当事者間のネットワーク作りはもとよりだが，高齢者の知恵とエネルギーを活用した育児支援の仕組みがもっと多様に，着実に作られていかなければならない。

# 3 「コラボラキャンパスネットワーク」による活動

## ■ 3.1 「コラボラキャンパスネットワーク」組織の概要

「コラボラキャンパスネットワーク」は，2006（平成18）年，1〜3月の試行期間を経て，4月から正式に北九州市立大学北方キャンパスを拠点に始まった多世代交流・地域づくりに関する協働体である。コラボラとは，「コラボレーション」（異なるものによる協働）と「ボランティア」からの造語で，市民が出会い，そこからネットワークが広がってほしいという願いが込められている。

2004（平成16）年6月に，北九州市の委託事業として，旧中島保育所の建物と園庭を利用して行った「子育ち親育ちコラボラひろば」がネットワークのはじまりで，さらに，2006（平成18）年，北九州市立大学キャンパスを拠点に活動を始めたことから，「コラボラキャンパスネットワーク」となった。

当初の構成団体は，「北九州市立大学」，「乳幼児子育てネットワーク・ひまわり」，「高齢社会をよくする北九州女性の会」，「NPO法人北九州子育ち・親育ちエンパワメントセンターBee」の四者で，2009（平成21）年に「NPO法人GGPジェンダー・地球市民企画」，2013（平成25）年に「NPO法人スキルアップサービス」が加わり，2016（平成28）年3月末現在はこ

第1部　コラボラキャンパスネットワーク

の6団体で，それぞれの個性と特性を活かしながら独自の活動をネットワークとして展開している。

　毎年度初めの4月，北九州市立大学学長室での連携協定調印式で，「実施に関する合意書」に各団体の代表者が署名し活動を行うのが恒例である。

## ■ 3.2　キャンパスネットワーク形成にいたる経緯

　旧中島保育所の老朽化を理由に取り壊しが必須となった時点で，「コラボラネットワーク」は次の拠点をどうするかの難問に突き当たった。適当な候補場所を求めてあれこれ知恵を絞った挙句に行き着いたのは北九州市立大学のキャンパスを利用させてもらうことであった。当時，一般教養課程の非常勤講師として週1回北九州市立大学に足を運んでいた「高齢社会をよくする北九州女性の会」代表の冨安は，かねがね，地域に開かれたこれからの大学のあり方について一つの明確なイメージとヴィジョンを持っており，接する数多くの学生たちから受ける印象からも，そのヴィジョンはますます確実なものになっていた。

　それは，過去何回か訪れた北欧の国々で感じた，国が保証する生涯学習のレベルの高さと，それに比例する主体的な市民性の確かさに触発されて，徐々に明確になったものである。第1節に記した「問題意識」にあるように，従来の，象牙の塔的なイメージの強い，閉ざされた大学像ではなく，地域社会の人々と相互に影響しあう関係性を重要視する大学こそが，高い市民性を持つ人々を生み出していくのではないかというものであった。そのためにも，ある意味，これは大学にとっても良いチャンスなのではないかという直感があった。

　しかし，この活動が大学側に受け入れられるためには，何よりも「コラボラネットワーク」という活動主体への信頼を担保することが必要と考えた。そこで，しっかりした市民感覚を持っていることでかねてよりその言動に信を置いていた市の元幹部職員で，北九州市立大学の教員に転身していた永津美裕氏に，「コラボラネットワーク」が新たに活動場所を探しており，その候補として大学キャンパスの利用を検討してみてもらえないだろうかと相談した。もとより強要する気はなく，今のような時代だからこそ，大学がこうした活動を受け入れることは必ずや学生のため，ひいては大学のためにもなるという確信があったからである。

　当然のことながら，「コラボラネットワーク」の中心的面々が腕によりをかけて作成した優れた企画提案書の効果も大きかったことは間違いない。多少の紆余曲折はあったものの，予想以上にすんなりと「コラボラネットワーク」の願いはかなえられることになった。

　もちろん，この案件に関わる教授陣の中に優れた感性と見識を持って時代の趨勢を見通せる人々がいたことも確かである。大学という，安全で知的な雰囲気に包まれた環境を子育てに活かしたいという強い希望と，理解に満ちた容認と幅広い応援の賜物とで，「コラボラネットワーク」は「コラボラキャンパスネットワーク」へと進化，拡大することになった。

　かなえたい「何か」があり，かなえようとする強い意志を持ち，かなえるための道筋を見失わなければ，希望は実現するという，まさに希望学のセオリー通りの展開であった。

010

### ■ 3.3 重層的子育て支援システムとしての多世代交流

　そうした動きの中，2004（平成16）年12月，「乳幼児子育てネットワーク・ひまわり」の中心的存在の一人中村雄美子さんを代表理事とする「NPO法人北九州子育ち・親育ちエンパワメントセンターBee」（2005（平成17）年4月には法人化）が設立された。「乳幼児子育てネットワーク・ひまわり」の活動を通して芽生えた問題意識をもとに，子育ての中間支援組織としての新たな役割を通して，北九州市の子育てしやすい地域づくりに取り組んでいる（第2部第3章に詳述）。

　「NPO法人GGPジェンダー・地球市民企画」は，1996（平成8）年設立（2004（平成16）年法人化）。ジェンダーの視点に立った地球市民教育を展開，市民力をより確かなものに育むために「地域」「まちづくり」「人権」「平和」「男女共同参画」などのテーマに即したワークショップを開催している。代表理事の岩丸明江さんが，「乳幼児子育てネットワーク・ひまわり」の発足当初より中核的キーパーソンの働きをしていたことから，2009（平成21）年度以降参画することになった（第2部第5章に詳述）。

　「NPO法人スキルアップサービス」は，子どもや女性，高齢者，障がい者を対象にパソコン教育に関する事業を行い社会教育の推進と福祉の増進をはかる目的で出発した組織で，女性や高齢者，障がい者の市民活動への参加を促進し地域社会を活性化させることをねらいとしている。代表理事の松田良輔さんは職業生活をリタイアしたのちも，社会活動の現役としてパソコンで北九州市民の生涯学習をサポートし，現役引退後の社会貢献の場作りに資する活動となるように励んでいる（第2部第6章に詳述）。

　以上，この節で述べた5団体は，それぞれ異なる要素を持ちつつもその異なる点を活かし合い補い合って北九州市立大学という場をシェアしながら交流し，市民社会を形成する上で不可欠な生涯学習の場の一翼をそれぞれに担っている。

## 4　終りに

　「大学」という新しい場で，新人類とも言うべき世代と行動を共にし，交流するという新しい体験が，シニア世代の意識や生活感覚を活性化することは間違いない。血縁・地縁の狭い範囲を超えた，若くて多様な個性との接触そのものが，シニア世代の固まりかけた価値観を解きほぐすきっかけとなることは否定できない。この交流はまた，学生という立場の，人生経験のさほど多くない世代にとっても大きな刺激となるはずである。年を重ねた人の持つ多様な経験とそれに基づく知恵との遭遇は，若さの持つある種の無謀と傲慢を豊かな想像力に変え，考え深く，また，心やさしい存在に進化させてくれるであろう。

第2章
# コラボラ講演会の運営

## 1 ネットワークで取り組むコラボラ講演会

　2006（平成18）年からはじまったコラボラキャンパスネットワーク活動のなかで，年に数回，協働で事業にとりくむ機会は，互いの特性を知り，協力しつつコミュニケーションしていく貴重な体験となっている。その中でも，年に2〜3回とりくんできたコラボラ講演会は，テーマ決めからはじまり，当日開催まで，このネットワークの地力を育む時間となっている。

### ■ 1.1 これまでのコラボラ講演会

　テーマは，子どもの育ちに関連するものが多い。発達，しつけ，遊び，環境，コミュニケーション，そして，地域づくりにつながる【社会力】をテーマとするもの。子どもの育ちを考えるなかで，子育て中の方を対象とするだけではなく，子どもの健やかな育ちを支える【大人の役割】や【地域社会のあり方】を考えてきたと言えるだろう。

### ■ 1.2 コラボラキャンパスネットワーク会議での情報共有のあり方

　コラボラキャンパスネットワーク会議は，通常（8月などは除き）月1回のペースで開催される。各NPO団体の数名，大学事務局，各々の形式で参加している一部の学生，関連ゼミの先生などで構成されるメーリングリストで，まず，①議題募集がされ，②当日までに各団体は，意見集約，企画提案書などを準備し，③メーリングリストで議題を提示，④会議当日，議題にそって前回事業のふりかえりや，講演会などネットワークで取り組む事業を企画立案，⑤会議後，メーリングリストに議事録がUPされる。

　当然，このコラボラキャンパスネットワーク会議が大変重要な情報共有の機会となっている。とはいうものの，1時間半の会議では，すべての完全なコミュニケーションができるわけではない。顔をあわせての会議を大事にする一方で，メーリングリストや，日頃の「ハロハロ

# 第1部　コラボラキャンパスネットワーク

## 表1　コラボラ講演会　これまでの歩み

| 年　度 | 開催日 | タ　イ　ト　ル | 講師：敬称略　肩書きは講演会当時（敬称略）<br>北九州市立大学の先生方は学部のみ掲載 |
|---|---|---|---|
| 2006<br>（H.18） | 6月28日<br>（水） | デンマークの子育て | 恒吉紀寿（文学部人間関係学科社会教育学助教授） |
| | 10月18日<br>（水） | デンマークの女性・高齢者の生活と福祉 | 冨安兆子（高齢社会をよくする北九州女性の会代表／非常勤講師） |
| | 11月5日<br>（日） | 講演会「プレーパークを知っていますか？―子どもにとっての遊びとは？　そもそも子どもって？―」 | 天野秀昭（日本冒険遊び場づくり協会　代表）<br>主催：福岡プレーパークの会<br>協力：乳幼児子育てネットワーク・ひまわり |
| | 3月7日<br>（水） | 女子医大生♪えんみちゃんによる中高生向け性教育―ピア・エデュケーション―☆とは!? | 遠見才希子（聖マリアンナ医科大学学生） |
| 2007<br>（H.19） | 6月28日<br>（木） | すべての子どもに確かな学力を―デンマークと日本の教育― | 恒吉紀寿（文学部人間関係学科社会教育学准教授）<br>黒田耕司（文学部人間関係学科教授） |
| | 11月18日<br>（木） | 安心ケータイ，どこまで安全？　ホントに安心？ | 浅羽修丈（基盤教育センター教育学准教授）<br>古野陽一（NPO法人北九州子育ち・親育ちエンパワメントセンターBee理事） |
| | 3月6日<br>（木） | コミュニティ心理学ってなぁに？ | 北島茂樹（産業医科大学産業保健学部人間科学准教授）<br>事例提供：大北啓子（臨床心理士・Bee会員） |
| 2008<br>（H.20） | 7月17日<br>（木） | 「子どもは遊ぶのがしごとっ！」…幸せのあそび | 中島俊介（基盤教育センター地域創生学群教授・臨床心理士） |
| | 12月12日<br>（金） | ドキュメンタリームービー『bloom（ブルーム）―生まれたのは私』 | 映画上映とトークの会 |
| 2009<br>（H.21） | 6月22日<br>（月） | オトナもココロやわらかに―環境ワークショップ | 蒲原　聖（NPO法人里山を考える会主任研究員・森先案内人） |
| | 11月16日<br>（月） | 食育講座「チャチャッとつくれる節約カンタンレシピ」 | 馬渡良子（栄養士） |
| 2010<br>（H.22） | 7月5日<br>（月） | 「子どもの発達としつけ」 | 楠　凡之（文学部人間関係学科臨床教育学教授）<br>税田慶昭（文学部人間関係学科発達心理学准教授） |
| | 11月9日<br>（火） | 子どもの身体と心のしくみを知る | 地頭所　孝子（育ち合い研究所主宰） |
| 2011<br>（H.23） | 7月13日<br>（水） | 子どもの声が響き渡るまち☆―子どもの遊び場「きんしゃいきゃんぱす」を拠点として― | 山下智也（子どもの遊び場「きんしゃいきゃんぱす」代表／九州大学　学術協力研究員・人間環境学博士）<br>楠　凡之（文学部人間関係学科臨床教育学教授） |
| | 12月7日<br>（水） | 根っこを育む―水と土と太陽と仲間と共に | NPO法人ちいさいおうち共同保育園　保育士と保護者の方がた |

| 年 度 | 開催日 | タ イ ト ル | 講師：敬称略　肩書きは講演会当時（敬称略）<br>北九州市立大学の先生方は学部のみ掲載 |
|---|---|---|---|
| 2012<br>（H.24） | 6月27日<br>（水） | 子どもの社会力　大人の社会力―<br>つながる，そして，排除しない／さ<br>れない社会へ | 青木康二（社会福祉法人グリーンコープ「抱樸館<br>福岡」館長） |
| | 12月4日<br>（火） | ワークショップ "子どもの権利" っ<br>てなぁに？ | 山下智也（西日本短期大学保育学科助教） |
| 2013<br>（H.25） | 7月4日<br>（木） | 「おどろき‼…のオーストラリアの<br>保育と子育て―日本は何を学ぶ??」 | 髙濱正文（別府大学短期大学部初等教育科准教<br>授） |
| | 11月19日<br>（火） | 「知りたい！　語りたい！　北九州<br>市の子ども・子育て会議」 | コーディネーター：<br>恒吉紀寿（文学部人間関係学科社会教育学准教<br>授）<br>情報提供：北九州市子ども家庭局<br>北九州市子ども・子育て会議委員<br>　内木場　豊（NPO法人ファザーリング・ジャ<br>バン九州）<br>　中村雄美子（NPO法人北九州子育ち・親育ち<br>　　　エンパワメントセンターBee）<br>　子育て中の保護者　他数名 |
| 2014<br>（H.26） | 7月8日<br>（火） | 民家で居場所づくり―ばあちゃんち<br>が地域をつなぐ | 村上千幸（熊本市山東保育園園長） |
| | 1月22日<br>（木） | 「子ども時代からの社会的包摂」 | 奥田知志（NPO法人抱樸理事長）<br>楠　凡之（文学部人間関係学科臨床教育学教授） |
| 2015<br>（H.27） | 7月6日<br>（月） | Child Friendly Cities―子どもにや<br>さしいまちってなぁに？ | 山下智也（西日本短期大学保育学科助教） |
| | 11月30日<br>（月） | 子どもたちが生き生きするまちは，<br>きっと誰もが生き生きするまち<br>―心が折れるより，骨が折れるほう<br>がましだ― | 渡部達也（NPO法人ゆめ・まち・ねっと代表） |
| 2016<br>（H.28） | 9月29日<br>（木） | 外遊びで育つ―心と体の感覚のおは<br>なし― | 中川奈緒美（NPO法人あそびっこネットワーク<br>代表理事）東京都練馬区<br>主催：子どもの遊びと生活体験ネットとの共催 |

カフェ」など，大学で直接会える機会を大事にしていく，また，わからないことは聞きあうなど，折にふれて意思疎通を心がけている。これだけ多くの団体が関わっているので，どうすれば安心して意見を言い合える関係ができるか常に考えてきたし，これからも一番に考えていかなければならないと感じている。一に準備，二に準備である。会議の質を高めることに力を注ぐ一方でオンライン・オフラインのコミュニケーションを心がけることは，常道とはいいつつも気をつけていないと足をとられやすい部分であると思う。

第 1 部　コラボラキャンパスネットワーク

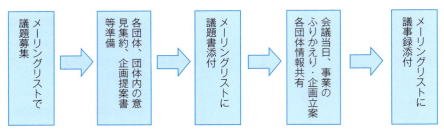

**図 1　会議の流れ（情報の共有を重視）**

### ■ 1.3　講演会のテーマ決め

　講演会のテーマは，会議が近づいてからというより，日頃のNPO活動の問題意識の延長で提案されることが多い。テーマの選定にあたって，下記のポイントは意識されている。

・コラボラキャンパスネットワークの「多世代交流・地域づくり」というコンセプトに沿うもの
・大学で開催するので市民に資するもの，市民が参加しやすいもの
・参加対象である，子育て中のメンバーや，子育て支援に関心がある関係者に役立つもの
・「未来の親」である，学生が関心をもちやすいもの
・できれば，北九州市立大学の先生方が講師として関わってくださるもの
・できれば，学生発の企画があれば，それをネットワークで実現していきたい

　これまでは，関係団体の事業との関係もあり平日開催が多く，必ずしも市民全体に資する形式ではないかもしれないが，講演会をするときも，ただ講師が話をして終わりではなく，メンバーがそのことについての意見をまず報告し，質疑が活発化するよう，工夫するなどして，よりよい内容になるように準備してきた。

**図 2　会議の様子**

第 2 章　コラボラ講演会の運営

## 2　講演会の参加者の声から

　講演会には，0〜18 歳の子どもを育てる親や，学生や，支援者，一般市民など多様な参加者がいる。直近の講演会から，親や学生の声を中心に紹介する（一部抜粋の意見もあり）。

### ■ 2.1　2015 年 7 月　「Child Friendly Cities—子どもにやさしいまちってなぁに？」より

・（子育て中の親）コラボラキャンパスネットワークを通して子どもと友達になり，子どもが子どもらしくいられる場所に居させてもらってますが，（現ひまわり活動）ひまわりが大学だけでなく，地域にも遊びにいけたらなー，そんな活動の場を増やすことが子どもにもやさしいまちにもなるのかな，多世代の交流もふかまりそう，目からウロコの話，ありがとうございました。

・（子育て中の親）漠然としていた「子どもにやさしいまち」のイメージが一段階クリアになりました。より実感として，市民がそれを感じられるようになるには，立場を超えて皆が同じステージ（場）に出ることが出来たらよいのかなと思いました。行政・NPO・近所のおじーちゃんおばーちゃん，会社と家の往復しているオトーサン！　子どもと一緒に同じ方向を向いていけるとステキなまちになるのかなぁ！　子どもの“生活世界”と言う単位を尊重してあげられる様に意識したい。そういえば自分にもそんな世界があった……。子どもの心をちょっと思い出せました。その世界が守られるようなまちに……。どうしても親になると心配が勝ってしまいますので。

・（学生）「上からではなく同じ目線で」「大人の考えるものをやりすぎてはいけない」という言葉にハッとさせられました。とてもよいお話をありがとうございました。

・（学生）子どもと同じ目線に立って，自分自身も楽しむ必要があると感じました。

### ■ 2.2　2015 年 11 月「子どもたちが生き生きするまちは，きっと誰もが生き生きするまち—心が折れるより，骨が折れるほうがましだ—」より

・（子育て中の親）子どもが生まれて，我が子の居場所作りに一生懸命な毎日の中，子育てサークルに参加したり，公園で近所の子どもと接したりしながら，まだ関心をもっている位のところなのですが，今日はお話をきいて，色々なイメージが広がりました。ありがとうございました。

・（子育て中の親）本当に必要とされている活動だと思います。子どもは自分が大人になったとき，自分が大人にしてもらったように子どもにしていくものだと聞いた事があります。安心できる居場所を知っている子どもは自分が大人になった時にそういう場所を作ってくれるのだと思いま

**017**

第 1 部　コラボラキャンパスネットワーク

す。今を生きている大人の私は，何が出来るか。まずは行動をと思います。

・（学生）今日の話は，1つ1つが「いいなあー」と思わせることばかりでした。たごっこパーク
に参加している子ども達の年齢と，子ども達1人1人の今までの生活スタイル，性格の幅が本当
に広くて驚きました。私が考えていた地域の遊び場というと，言い方は悪いですが，心も体も健
康的な子ども達が集うようなイメージしか浮かびませんでした。自分の中で無意識のうちにかた
よった考え方になっていたんだと思います。子ども達は色々な人がいることを改めて考えること
ができました。北九州市は政令指定都市でありながら，プレーパークや外で遊ぶ活動が少ないと
ききました。現在，プレーワーカーの方と活動させて頂く機会があるため，今日の動画や写真，
1つ1つ自分の活動とかさねながら見ることができました。学生の自分になにができるだろうと
考えさせられました。

## ■ 2.3　2016 年 9 月　「外遊びで育つ―心と体の感覚のおはなし―」より

・（子育て中の親）とてもおもしろかったです。3才女の子と6才男の子の母です。今年，兵庫か
らひっこしてきて，北九州にもプレーパークあったらいいな，と思っていたら，ふれあいルーム
の方がこの講演会をおしえてくださいました。子どもが幼児期にたくさんの刺激を体験できる機
会が持てるように，できるかぎり，環境をととのえたいと思いました。もうひとつ，講師の方の
ご自身の子育てから，プレーパークたちあげに至るお話しも興味深かったです。私は，今は職か
らはなれているので，子育て only でいいのか？と悩んだりします。地域の中で，できることが
たくさんあるな，と感じました。兵庫県に住んでいた時，近所のお母さんたちといっしょに週1
あつまって，公園であそぶ会をしていました。今の家でも，そんなつながりをつくれたらいいな
と思いました。それと，私の恩師は「スクールカウンセリングでは遅いんです」「保育の時期に
……！」とよくおっしゃっていました。その「保育」のもっと早い時期に地域にプレーパークの
ような場所があることは，すごく社会的意義のあることだと思いました。ありがとうございまし
た。

・（子育て中の親）子どもとも関わり方に行き詰まりを感じ，煮詰まっていたので，子ども目線に
立った見え方が少し出来たので，自分のいつもの接し方にものすごく反省した。まだまだ発達途
中の我が子が，自分の思うように動けなかったり，伝えられないのは当然だなと改めて気づくこ
とが多かった。もっともっと一緒に遊んであげられる時間を上手に作りたい。沢山ギュッとした
い。あまりギューしすぎると嫌がる子どもの感覚もわかってあげようと思いました。なにより早
く帰って我が子を強く抱きしめたいと思いました。急いで帰ります。今日は本当にありがとうご
ざいました。

・（学生）普段子どもたちとふれあうことが多いので，なぜ？どうしてこんなことするんだろう？
といった疑問に対して再び考えるよい機会でした。納得できることや共感できることも多く，今
回，参加してよかったです。学んだことをこれからの活動や将来に生かし，他の人にも伝えたい

第 2 章　コラボラ講演会の運営

と思いました。子どもたちのことをもっと考えるようになりたいです。

　子どもの居場所づくりや，子どもにやさしい街，発達に関わるテーマを通して，一貫して流れているのは，「子どもが育っていく地域づくりに対する大人の責任」という視点である。コラボラ講演会は，子育て中の親にとっては，自分の子育てをふりかえりつつも，子どもをとりまく大人として何かができないか，という気づきを共有する機会になっている。また，学生も，子どもと大人をつなぐユースの視点で，子どもからの視点を強く意識する機会になっている。子どもに代表されるような，届きにくい声，「小さな声」を意識し，共有し，伝えていくことが，つながり，共に生きていくための地域づくりに活かされていくと感じている。

## 3　講演会での運営スキル

　講演会の運営方法は，関係団体で役割分担表を共有しながら，当日スムーズにいくように回を重ねてきた。ふりかえりをすることで，そうした運営スキルも年々上がってきたと感じている。託児の準備は必ずしているが，図 3 のように，段階ごとに確認して，親も，子どもも託児者も安心した遊びの時間になるように配慮している。また，最近は，託児が必要な参加者の参加費を安くするなどして，子育て中の親が参加しやすいように，全員で託児を支えるようにしている。

---

| 企画段階 | □企画を決める　□託児予算を決める　□託児料（1 人目，2 人目）を決める |
| :-- | :-- |
| | □託児依頼先を決める　　　　　　　　□託児担当者を決める |
| | □託児助成金申請（こども未来財団）──助成システムがあった当時，常に申請していた |
| | □託児会場，おもちゃの確認 |
| 事前準備 | □託児依頼　　　□託児申し込み先を決める |
| | □学生ボランティア依頼　　　　　　□保険にはいる |
| | □申込者に諸連絡（キャンセル時注意，オヤツ，お茶，着替え，すべて記名して一袋にいれておく） |
| | （オヤツは主催者で用意。オヤツの時間を必ず設ける） |
| 当　　日 | □託児名簿用意 |
| | □託児の子ども　名札準備 |
| | □衛生用品　救急用品準備　□オムツ替え用・お昼寝用　マット・バスタオル |
| | □託児者謝金と領収書　用意 |
| | □当日の部屋の鍵あけ　託児者に依頼 |

**図 3　託児の準備システム**

第 1 部　コラボラキャンパスネットワーク

図 4　講演会

## 4　今後の課題と展望

　共同作業をすることで，個人も団体も，より理解を深め合っていく。当初は正直それほど意識していなかったが，各団体の事業を学内で個々に実施するだけではなく，共に講演会をつくりあげることにはたくさんの意味があったと思う。だからこそ，年に数回のこの貴重な取り組みをよりよいコミュニケーションの時間とし，互いの問題意識を交換し，コラボラキャンパスネットワークとして発信する機会としたいと思う。

　運営スキルは年々整ってきたと感じているが，取り組みの各段階でもっと意見交換をすすめていけば，よりネットワークらしい，ユニークな企画を創造できる可能性があると思う。その潜在的な部分を活用していきたい。また，まず関係団体の参加を優先したいので，参加人数としては今ひとつ伸びが足りないが，そこにも工夫の余地はあると感じている。

　資金的には，申請しやすい講師派遣システムを活用するなどして，全体として決して無理はしない姿勢でのぞんでいる。それは継続性を支えることになっているが，その点でも今後のネットワークの将来像をメンバーで描いていくなかで，違ったアプローチをしていく可能性は充分ありえると考えている。今回の本づくりを契機に，そうした議論を深めていくこともまた楽しみである。

## 第2部

# 参加団体の想い

**第1章** 北九州市立大学

**第2章** 乳幼児子育てネットワーク・ひまわり

**第3章** NPO法人北九州子育ち・親育ちエンパワメントセンター Bee

**第4章** 高齢社会をよくする北九州女性の会

**第5章** NPO法人 GGP ジェンダー・地球市民企画

**第6章** NPO法人スキルアップサービス

# 第1章
# 北九州市立大学

## 1 地域貢献——地域全体をキャンパスに

### ■ 1.1 北九州市立大学とは

　北九州市立大学は，1946（昭和21）年に小倉外事専門学校を前進として創立され，2016（平成28）年に創立70周年を迎えた公立大学であり，現在，5学部，1学群（外国語学部，経済学部，文学部，法学部，国際環境工学部，地域創生学群）の学士課程と4つの大学院研究科課程から成る総合大学である。「北方」，「ひびきの」の2つのキャンパスを合わせて約6,500人の学生が在籍し，すでに5万人を超える卒業生が本学を巣立ち，国内外の様々な分野で活躍している。

　2005（平成17）年に本学は公立大学法人となり，より自主性・自律性を持った大学へと移行した。2011（平成23）年3月には，多くの成果を上げた第1期中期計画（2005（平成17）年度〜2010（平成22）年度）を終え，同年4月からは「地域に根ざし，時代をリードする人材の育成と知の創造」を第2期中期計画（2011（平成23）年度〜2016（平成28）年度）における教育理念に掲げ，勉学と研究そして学生生活を支える教育・研究・生活環境の充実に取り組んでいる。

### ■ 1.2 公立大学の使命

　ここ数年，科学技術の急速な進歩やグローバル化等様々な社会の変革に伴い，公立大学の法人化や質の保証のための自己点検・評価の実施及び結果の公表の義務化等，大学自体のあり方に変革が迫られた中で，国立大学でも私立大学でもない公立大学である北九州市立大学の存在意義が問い直された。

　これまで多くの公立大学は，国立大学と同様に教育・研究面を志向してきた。しかし，今後は，厳しい地方財政のもとで大学への支援を得るために，公立大学の設置意義を自治体や住民

第2部　参加団体の想い

に理解していただき，大学自らがその存在理由を明らかにする活動を積極的に展開していく必要がでてきた。設置自治体や住民の意向を重視した大学への転換——大学の使命としての教育・研究の水準を向上させながら，併せて地域における知の拠点としてリーダーシップを発揮し，地域に貢献すること——が一層求められてきたのである。

つまり，公立大学は教育・研究を推進するという大学一般に共通するユニバーサルな面と，地域社会に根ざした存在であるといったローカルな面を併せ持っており，とりわけこの2つのバランスがとれた運営が求められるのである。

## ■ 1.3　北九州市立大学の地域貢献

一般的な大学の地域貢献の例としては，生涯学習事業，産学連携，公的機関への委員・講師派遣，政策提言機能など多岐にわたるが，ここでは本学が行う地域貢献活動についてみてみよう。

本学は，中期目標及び中期計画に沿って6つの分野において地域貢献を実施している。

第1は，学生だけでなく，勤労者・在宅者・高齢者等多くの「地域住民や社会人への教育機会の提供」である。人口の高齢化や教育内容の変化とともに，対象世代が広がりを見せており，従来大学が対象としていなかった世代への教育資源の活用が求められるようになってきたことに対応して，様々な社会人教育を行っている。

まず公開講座では，毎年約10コース（1コース約6回）を開講し，延べ600人ほどの市民が，文学，歴史，自然，国際問題など多彩な分野の講義を熱心に受講している。また，法学部コミュニティ・コースには毎年約10名の社会人が，専門職大学院マネジメント研究科には約60名の社会人が大学院生として夜間学んでいる。さらに2009（平成21）年に新設した地域創生学群には，1学年約10名の学士課程の社会人を迎え，地域マネジメント，地域福祉，地域ボランティア等について昼夜開講制の下で学んでいる。

第2は，北九州学術研究都市を中心とした「企業との連携」つまり「産学連携」である。ひびきのキャンパスに北九州学術研究都市の主要機関として立地している国際環境工学部・同研究科が有する産業・環境等に関する優れた技術及び研究成果を国際協力，企業への技術協力，各種セミナー，講演会等を通して社会に還元している。

第3は，4大学スクラム講座，大学コンソーシアム，北九州まなびとESDステーション等の地域の「大学間連携」で，北九州地域における特色ある大学コンソーシアムの形成を進めている。

第4は，地域戦略研究所を中心とする経済団体や市からの受託研究，政策提言等を通じての「行政との連携」で，地域社会に開かれた大学として知的活動の成果を積極的に開放している。

第5は，スクールボランティア，サマースクールなどを通じて，地域の特色ある教育の充実に寄与する「小・中・高等学校との連携」である。

第6は，地域創生学群や地域共生教育センター等でのオフキャンパス実践活動や旦過市場で

の「大學堂」，門司港での「昭和レトロ館」等「市民やNPOとの多様な連携」を通じて行うまちづくり活動である。この連携の中には，本学で生まれたNPO等との地域連携多世代交流事業「コラボラキャンパスネットワーク」も含まれており，これらは，地域の再生と創造のみならず，地域貢献の新たな担い手となる人材の養成に寄与している。

公立大学法人北九州市立大学中期目標（抜粋）

> 第4　社会貢献に関する目標
> 1　地域社会への貢献
>    地域社会との幅広い連携協力や地域課題への提言などを通じて，地域の活性化に貢献する。また，公開講座や社会人教育など，各種の大学開放を通じて，市民に対する多様な学習機会を提供する。
> 2　教育研究機関との協同
>    国内外の大学などと協同で行う，学術交流，人材育成，環境改善をはじめとした国際協力などの取組を推進し，地域の教育研究機能の高度化とアジアをはじめとする国際社会の発展に貢献する。

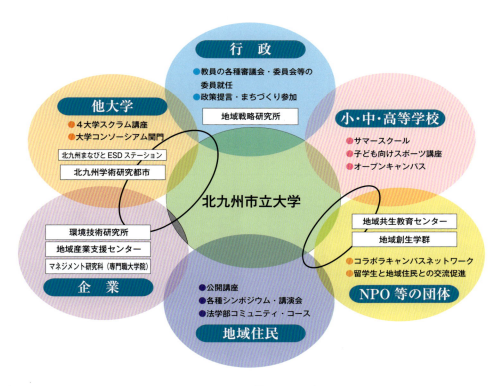

図1　地域貢献の6つの輪

## 1.4 地域貢献度ランキング

2006（平成18）年度より日本経済新聞社産業地域研究所が，全国の国公私立大学を対象に，大学が人材や研究成果をどれだけ地域振興に役立てているかを探るために「地域貢献度」の調査を実施している。この調査は，文部科学省が大学改革の柱の一つに位置付ける地域再生の核となる大学づくりにむけて「地（知）の拠点大学による地方創生推進事業（COC+）」が採択される等，大学の地域に果たす役割について期待，注目が一層高まる中，各大学の取組や直面する課題を共有し，さらに優れた地域貢献活動を展開していくために実施されたものである。

その中で，北九州市立大学は，過去10回の調査中，全国第1位となった2回を含め，9回で10位以内にランキングされている。

調査項目のうち高い評価を受けた主な取組としては
① 住民向けの公開講座，研究成果を還元する学術講演会等の開催件数が多く，付帯施設を住民に開放している。
② 地域素材の活用や地域の問題解決につながる研究を通して大学ブランド商品を商品化するなど，自治体や地域企業と連携した研究活動を推進している。
③ 地域創生学群や地域共生教育センターの地域活動が活発である。
④ ボランティア活動が単位化されている。
⑤ 地元の小・中・高校でのグローバル人材育成の教育支援をしている。

表1 『大学の地域貢献度ランキング』北九州市立大学　総合ランキング推移　　　（年度）

|  | H 18 | H 19 | H 20 | H 21 | H 22 | H 23 | H 24 | H 25 | H 26 | H 27 |
|---|---|---|---|---|---|---|---|---|---|---|
| 調査対象大学数 | 201 | 734 | 730 | 740 | 754 | 731 | 733 | 737 | 747 | 751 |
| 回答大学数 | 135 | 455 | 470 | 469 | 525 | 489 | 532 | 526 | 526 | 523 |
| 全国順位 | 2位 | 8位 | 1位 | 2位 | 13位 | 1位 | 3位 | 7位 | 7位 | 8位 |
| うち公立大学 | 1位 | 1位 | 1位 | 2位 | 6位 | 1位 | 1位 | 1位 | 2位 | 2位 |

図2　地域共生教育センター（付属施設）

図3　公開講座「野球教室＆キッズトレーニング」

## 表 2 『大学の地域貢献度ランキング』大学別ランキング推移

**全国順位**

| | H18 | H19 | H20 | H21 | H22 | H23 | H24 | H25 | H26 | H27 |
|---|---|---|---|---|---|---|---|---|---|---|
| | 1 宇都宮大 | 1 室蘭工業大 | 1 **北九州市立大** | 1 熊本県立大 | 1 群馬大 | 1 **北九州市立大** | 1 信州大 | 1 信州大 | 1 信州大 | 1 信州大 |
| | 2 **北九州市立大** | 2 信州大 | 2 室蘭工業大 | 2 **北九州市立大** | 2 横浜市立大 | 2 宇都宮大 | 2 宇都宮大 | 2 宇都宮大 | 2 群馬大 | 2 宇都宮大 |
| | 3 鳥取大 | 3 帯広産業大 | 2 宇都宮大 | 3 松本大 | 3 室蘭工業大 | 3 信州大 | 3 **北九州市立大** | 3 岩手大 | 3 宇都宮大 | 3 兵庫県立大 |
| | 4 九州大 | 3 北見工業大 | 2 熊本県立大 | 4 九州工業大 | 4 九州工業大 | 4 群馬大 | 4 長野大 | 3 茨城大 | 4 岩手大 | 4 群馬大 |
| | 5 梅光学院大 | 3 岩手大 | 5 帯広畜産大 | 5 大阪府立大 | 4 大阪市立大 | 5 茨城大 | 5 岩手大 | 5 群馬大 | 5 長崎大 | 5 長崎大 |
| | 6 立命館大 | 6 宇都宮大 | 6 岩手大 | 6 梅光学園大 | 6 信州大 | 6 山口大 | 6 松本大 | 6 長野大 | 6 大阪市立大 | 6 徳島大 |
| | 7 岩手大 | 6 立命館大 | 7 信州大 | 7 室蘭工業大 | 7 長野大 | 7 名古屋大 | 7 群馬大 | 7 **北九州市立大** | 7 **北九州市立大** | 7 岩手大 |
| | 7 山形大 | 8 群馬大 | 8 長岡大 | 8 宇都宮大 | 8 茨城大 | 8 熊本大 | 8 大阪府立大 | 8 大阪市立大 | 8 豊橋技術科学大 | 8 **北九州市立大** |
| | 9 群馬大 | 8 **北九州市立大** | 8 梅光学園大 | 9 東北公益文科大 | 9 大阪市立大 | 9 大阪市立大 | 9 三重大 | 9 松本大 | 9 徳島大 | 9 大阪市立大 |
| | 9 神戸大 | 10 豊橋技術科学大 | 10 熊本大 | 10 長岡大 | 10 大阪府立大 | 10 神戸大 | 10 山口大 | 10 横浜市立大 | 10 長野大 | 10 長野大 |
| | 9 徳島大 | 10 岐阜県立看護大 | 11 茨城大 | 11 岩手大 | 11 県立広島大 | 11 松本大 | 11 茨城大 | 11 鳥取大 | 11 立命館大 | 11 大阪府立大 |
| | 9 関西学院大 | 10 関西学院大 | 11 横浜国立大 | 11 熊本大 | 11 松本大 | 12 鳥取大 | 12 大阪市立大 | 12 大阪府立大 | 12 兵庫県立大 | 12 茨城大 |
| | 13 香川大 | 10 広島大 | 11 三重中京大 | 13 **北九州市立大** | 13 宇都宮大 | 13 愛媛大 | 13 神戸大 | 13 徳島大 | 13 横浜市立大 | 13 松本大 |
| | 13 宮崎大 | 10 愛媛大 | 14 豊橋技術科学大 | 14 茨城大 | 14 長野大 | 14 長野大 | 14 横浜市立大 | 14 長崎大 | 14 茨城大 | 14 名古屋市立大 |
| | 13 高崎経済大・熊本県立大 | 15 熊本県立大 | 15 福島大他4校 | 15 長岡技術科学大他3校 | 15 秋田大 | 15 横浜市大・三重大 | 15 鳥取大 | 15 鳥取大 | 15 名古屋市立大 | 15 大阪大 |

**公立大学順位**

| | H18 | H19 | H20 | H21 | H22 | H23 | H24 | H25 | H26 | H27 |
|---|---|---|---|---|---|---|---|---|---|---|
| | 1 **北九州市立大** | 1 **北九州市立大** | 1 **北九州市立大** | 1 熊本県立大 | 1 横浜市立大 | 1 **北九州市立大** | 1 **北九州市立大** | 1 **北九州市立大** | 1 大阪市立大 | 1 兵庫県立大 |
| | 2 高崎経済大 | 2 岐阜県立看護大 | 2 熊本県立大 | 2 **北九州市立大** | 2 大阪市立大 | 2 大阪市立大 | 2 大阪府立大 | 2 大阪市立大 | 2 **北九州市立大** | 2 **北九州市立大** |
| | 2 熊本県立大 | 3 熊本県立大 | 3 岐阜県立看護大 | 3 大阪府立大 | 3 熊本県立大 | 3 横浜市立大 | 3 大阪市立大 | 3 横浜市立大 | 3 兵庫県立大 | 3 大阪市立大 |
| | 4 高知女子大 | 4 京都府立大 | 4 高知女子大 | 4 横浜市立大 | 4 大阪府立大 | 4 大阪府立大 | 4 横浜市立大 | 4 大阪府立大 | 4 横浜市立大 | 4 大阪府立大 |
| | 5 大阪府立大 | 5 群馬県立女子大 | 5 県立広島大 | 5 京都府立大 | 5 県立広島大 | 5 県立広島大 | 5 滋賀県立大 | 5 兵庫県立大 | 5 大阪府立大 | 5 名古屋市立大 |
| | 6 横浜市立大 | 6 長野県看護大・大阪府立大・広島市立大 | 6 島根県立大 | 6 県立広島大 | 6 **北九州市立大** | 6 高知工科大 | 6 名古屋工科大 | 6 大阪府立大 | 6 山梨県立大 | 6 山口県立大 |

などである。

　全国の大学を対象にした中でのこの結果は，本学としても満足のいくものであるが，その中でも，地域住民と大学の関わりが深い「コラボラキャンパスネットワーク事業」の取組は，調査開始以来ずっと「地域の子育てNPO法人やボランティア団体と協定を結んで多世代交流や生涯学習事業等を行う等，住民や地域団体との連携に力を入れている」として特に評価されてきた。

　また，「地域住民に学内施設を開放している」取組は全国でも珍しいもので，普段接することの少ない学生と地域の方々が大学のキャンパスを拠点に交流できる点においても高い評価を受けている。

## 2　コラボラキャンパスネットワークとは

　このように全国的にも高い評価を受けている本取組が，大学とりわけ学生にとってどのような影響を及ぼしているのだろうか。まずは，コラボラキャンパスネットワークとはどういった事業であるかをみていきたい。

　キャンパスの芝生広場で，幼い子供たちがベンチに座る学生に寄っていく。自然にほころぶ学生たちの顔。一緒になって走り回る学生たち。談笑の輪が広がり，明るい声がキャンパスに響き渡る。水曜日のお昼時，多くの学生や教職員が行きかう北九州市立大学の北方キャンパスの中で，こんな癒しの光景が広がっている。

　北九州市立大学には，大学を発信基地とし，地域の子育て支援や子育てしやすい地域づくり，そのための世代を超えたネットワークづくりを進めていく「子育て支援の拠点」がある。地元の複数の子育てグループや，子育てを卒業した団体をキャンパスに迎え入れ，大学生も一緒に活動する「コラボラキャンパスネットワーク」（愛称：コラボラ）は，様々な活動を通じて，乳幼児からお年寄りまで，幅広い世代の交流を広げている。

図4　ハロハロカフェ

図5　菜園活動

図6　観月会

図7　新年のつどい

　拠点は，4号館2階の一室。カーペット敷きの広い部屋である。
　第1・3・5水曜日は，「乳幼児子育てネットワーク・ひまわり」が交流スペース「ハロハロカフェ」を開いている。そこは乳幼児からシニアまで誰でも気軽に参加でき，カフェ気分でくつろぎながら多くの世代と情報交換ができる交流の場である。
　第2水曜日（7・8月は第4水曜日）は，「NPO法人北九州子育ち・親育ちエンパワメントセンターBee」が，段ボールやシャボン玉，草花，土などいろいろな素材で外遊びする「ミニプレーパーク」を主催している。
　4号館の周りでは，「高齢社会をよくする北九州女性の会」が「コラボラ菜園」と称して，祖父母世代のスタッフを中心に，子どもたちと一緒に土づくりから種まき，水やり，収穫などを通じて，季節の花や野菜を育てている。
　季節ごとのイベントも数多く開催している。大学のサークルが大道芸や演奏会をし，スタッフが月見団子を作って月見を楽しむ「観月会」や「ハロウィーン」，「クリスマス会」，「新年のつどい」等のイベントも開催している。
　また，大学からは，文学部や基盤教育センターの教員が「子供の遊び」について講演する等の知的蓄積の提供を行っている。

## 3　多世代交流キャンパススタート

　そもそも，コラボラキャンパスネットワークは，「乳幼児子育てネットワーク・ひまわり」，「NPO法人北九州子育ち・親育ちエンパワメントセンターBee」，「高齢社会をよくする北九州女性の会」が，それまで活動を行っていた施設が利用できなくなったため，新たな活動場所の確保を求め，北九州市立大学にキャンパス利用を働きかけたことから始まった。
　これを受け，NPO側と北九州市立大学の間で数々の議論が行われた。法人化したとはいえ，大学という公の場所を使用するため，施設利用について，学生との関わり方，地域支援のあり方そして危機管理体制等様々な点が議論された。

図8 「コラボラキャンパスネットワーク」実施に関する合意書と調印式の様子

　そのなかでも，本事業が地域貢献事業の一環となりえること，そして何よりも多世代交流を行うことにより，学生の人間形成にとって有益であるというメリットが取り上げられた。
　NPO の中に，北九州市立大学の教員が関与していたこともあり，今後，様々な連携事業のあり方や課題等を整理，検討することを視野に入れて，北九州市立大学と学外の NPO 団体等との連携事業の「モデル事業」として 2006（平成 18）年 1 月より試行的に実施することとなった。
　2006（平成 18）年 1 月から 3 月までの間，北九州市立大学は場所を提供し，運営は団体が自主的に行う事業が実施された。民間のグループが大学に「乗り込んで」活動している例は，全

第 1 章　北九州市立大学

国的にも少ないが,「大学での活動」には,市民も安心して活動できるというメリットもある。大学としても,参加者を対象にキャンパスツアーを開催する等キャンパスを活かした多様な活動を行うことができ,次第に現在のスタイルが定着していった。

　その後,大学と参加する各 NPO との間で協定書が交わされるに至った。協定書は,毎年 4 月に,大学を含めた参加団体の間で交わされる。各団体の代表が顔を合わせ,忌憚のない意見を出し合う場となっており,大学からは毎年学長が参加している。2014（平成 26）年 4 月の調印式の終了後には,代表として出席していた NPO の代表の子どもから,「これでまたハロハロ（カフェ）ができるの!?」といううれしい言葉が飛び出した。

## 4　大学とコラボラキャンパスネットワーク事業との関係

　大学と NPO との協議は,初年度である 2006（平成 18）年以降,現在に至るまでに,月 1 回定例会議が開催され,この場で事業の進捗,課題,成果等の情報共有が図られている。大学からは,事務局のみでなく,地域創生学群で多世代交流実習を履修する学生が交代で参加してきた。当初は学生の参加は教員の指導によるものであったが,次第に主体的な参加に変わって

図 9　ミニプレーパーク・サイエンスカフェ

図 10　ハロハロカフェ・クリスマス会

図 11　ミニプレーパーク・そうめん流し

図 12　新年のつどい

第2部　参加団体の想い

いった。

　参加者にとってこの場は，情報交換を超えた信頼関係構築の機会として重視されているが，とりわけ，学生にとっては多様な世代の中でのコミュニケーションのトレーニングの場となっている。

　以下，本活動に携わった学生のコメントを掲載したい。

〈学生の声〉
・キャンパスに小さなお子さんがいる風景って不思議ですか？　うちの大学では当たり前の風景なんです。先日，大学見学に来ていた高校生たちも，最初は珍しがっていましたが，すぐに参加して楽しんでくれました。
・みんな子どもたちが大好きなんです。小さな子どもがちょっとずつ成長していく様子を見て，こっちが元気をもらっています。
・子育ては一つのきっかけにすぎないと思います。大切なのは地域とのふれあいだと思います。世代を超えたコミュニケーションを通して学ぶことも多いです。
・よく「いいお父さんになりそう」なんていわれますが，これらの活動が将来役に立てばいいんですけど……
・理想はボランティアというものが必要のない社会になること。そうなることを願っています。
・高齢者から学ぶことが多いし，子どもと接すると優しい気持ちになれます。後輩にもどんどん参加してほしい。
・子どもと遊ぶ機会は他にないので楽しいです。校内なので気軽に参加できます。
・今回の活動を通じて学生同士だけでなく地域としてのつながりを作ることができました。
・これから社会全体でより育児しやすい環境が作っていければいいなと思いました。
・まだ子育てしたことはないけれど，将来役立つことをいっぱい聞けました。絵本の中に自分が小さい時に読んだ本がたくさんあって，お母さんが色々考えてくれていたんだなと（改めて）幸せな気持ちになりました。
・今まであまり考えなかったことを考えた1日でした。すごく楽しくてあっという間でした。

　このようなコメントからも，地域の多世代交流が日常的にキャンパス内で展開されることによって，学生が直接何かをつかみ取り，その自主性・主体性，コミュニケーション力の醸成につながっているといえるだろう。

## 5 コラボラキャンパスネットワークの成果

　2006（平成18）年1月，NPOからの場所の提供の申し入れという形でスタートした子育て交流広場が，現在は，乳幼児から学生，地域の高齢者まで参加した多世代交流事業に発展している。そしてそれは，学外では少なくなった多世代の出会いと交流，学び合いが，大学キャン

パスが一つのコミュニティーとなることで実現している。そのコミュニティーの中で，乳幼児のみならず，学生，教員，そして NPO も育ち合うシステムの構築につながっていった。

　特に地域創生学群の学生は様々なイベントや，毎月行われている定例会議へ参加したり，各種企画の計画段階から一緒に取り組んできた。多世代交流を通じて学生たちが育ち，社会的要請でもある社会貢献にも効を奏して，大学は社会的信用度を高めている。非常に喜ばしいことである。

　このような地域社会との協働による実践的教育は，前述したとおり，学生の社会人基礎力の育成に寄与するとともに，地域の活性化へ貢献している。その取組は着実に成果をあげ，年々拡大しながら，大学内にとどまらず，新たな取組や地域団体等との連携といった方向へ発展している（例えば，本事業の構成団体で構成された「コラボラキャンパスネットワーク親子ふれあいルーム実行委員会」が，北九州市が子育て家庭の親子の交流を図る場として設置した「小倉南区親子ふれあいルーム "さざん"」の管理運営を 2010（平成 22）年度から受託し，これまでのノウハウや各団体の専門性を活かした運営を行っている）。

　今後は，こうした連携を継続していくための仕組みづくり――人材と資金の継続性――が課題となる。学生，教員，地域といったそれぞれの担い手育成の仕組みと機会を維持していく工夫が必要である。NPO や大学独自の努力に加え，自治体や企業等地域全体で，今や社会的要請となっている地域人材を育てる意識を共有することが重要になってくる。

第**2**章

# 乳幼児子育てネットワーク・ひまわり

## 1 乳幼児子育てネットワーク・ひまわりのなりたち

### ■ 1.1 乳幼児子育てネットワーク・ひまわりとは

　主に，多世代交流スペース「ハロハロカフェ」の運営を通じて，子どもを真ん中に，子どもに関わる全ての人たちが同じ目線で交流し，知恵を出し合い語り合うことで，人の輪を広げ，誰もが学び，支え，力づけ合う関係や環境を創造してゆくためのヒューマンネットワークである。

　1990年代までの北九州市は，現在と比較して乳幼児親子のための支援の場が少なく，子育ての自主サークルを作っても運営面の難しさや，世代の入れ替わり等で活動自体が薄れていくことも多かった。そこで，これまでの仕組みに疑問を感じていた乳幼児の保護者と，大学教授，小児科医，保健師などの専門家が連携し，1997（平成9）年に準備会を設立したのが，「乳幼児子育てネットワーク・ひまわり」の始まりである。設立から2007（平成19）年までは会費制をとり，専門家を交えて幅広く事業を展開してきたが，現在は会費制をやめ，当事者である乳幼児の保護者を中心に，北九州市立大学を拠点として「ハロハロカフェ」を運営している。乳幼児を連れた運営の実際は，不測の事態も多々あること，また運営スキルや理念の継承といった観点から，OBが多く所属する「NPO法人北九州子育ち・親育ちエンパワメントセンターBee」から協力を得ている。

　北九州市内では珍しい，大学内で実施されているフリースペースであることから，学生が気軽に立ち寄り，子どもと触れ合うことができる。また，多世代交流の場として，学生だけでなく様々な世代が子育てに関わることができ，特にシニア世代から若い世代への暮らしの知恵やむかし遊びなどの伝承の場としての機能も果たしている。そのほか年に数回，不定期で学生やシニア世代と協働の行事を開催しており，月に一度のコラボラ会議で内容を話し合っている。

　「ハロハロ」の語源は，フィリピン語であり，"ごちゃ混ぜ"とか"いろいろなものが入ったデザート"という意味である。乳幼児期は，長い人生の中でこころと体の土台をはぐくむ大切

第2部　参加団体の想い

な時期である。母―子の関わりだけでなく，たくさんの人たちとの様々な関わりのなかで，親も子も，そして未来の親もともに育ち合える場をめざしている。

## ■ 1.2　乳幼児子育てネットワーク・ひまわり沿革

| | |
|---|---|
| 1997（平成9）年7月 | 「乳幼児子育てネットワーク・ひまわり」準備会で出前講演を開催 |
| 1998（平成10）年5月 | 「乳幼児子育てネットワーク・ひまわり」設立 |
| 2000（平成12）年6月 | 小倉北区香春口に，「ハロハロカフェ」の前身である子育てほっとステーション「ハロハロ」をオープン |
| 2004（平成16）年3月 | 小倉北区香春口での運営を終了<br>市内外フリースペース調査 |
| 6月 | 小倉北区旧中島保育所にて，市より委託された「地域子育て支援モデル研究事業」を実施<br>子育てほっとステーション「ハロハロ」運営再開<br>「子育ち親育ち　コラボラ広場事業」運営開始<br>「高齢社会をよくする北九州女性の会」との協働開始 |
| 2006（平成18）年1月 | 北九州市立大学へ多世代交流・地域づくりの企画書提出<br>大学との共同事業試行 |
| 4月 | 北九州市立大学と3つのNPO（※1）が協定書を作成<br>「コラボラキャンパスネットワーク」事業開始<br>北九州市立大学4号館201教室にて「ハロハロカフェ」運営開始 |
| 2008（平成20）年 | 内閣府「平成20年度少子化社会対策に関する先進的取組事例調査」において，子育て支援やワーク・ライフ・バランスの推進に関する先進的な取り組みとして，内閣府ホームページで紹介される |
| 2010（平成22）年2月 | コラボラキャンパスネットワークより「コラボラキャンパスネットワーク親子ふれあいルーム実行委員会」を結成，市の「小倉南区親子ふれあいルーム」（愛称"さざん"）受託。「乳幼児子育てネットワーク・ひまわり」も実行委員として運営に参画している |
| 2014（平成26）年 | コラボラキャンパスネットワークは大学と5つのNPO（※2），学生有志により活動中。毎年4月に協定書を交わし，大学の強みとNPOの特長を活かした事業を運営している |

※1　3つのNPO：「乳幼児子育てネットワーク・ひまわり」，「高齢社会をよくする北九州女性の会」，「NPO法人北九州子育ち・親育ちエンパワメントセンターBee」
※2　5つのNPO：2009（平成21）年に「NPO法人GGPジェンダー・地球市民企画」，2013（平成25）年に「NPO法人スキルアップサービス」が加入

第 2 章　乳幼児子育てネットワーク・ひまわり

## ■　1.3　活動内容

■　多世代交流スペース「ハロハロカフェ」の運営

開所日：第 1，3，5 水曜　10：30〜14：00

場所：北九州市立大学 4 号館 201 教室

参加費：運営協力費「ハロハロの素」として一家族 100 円（学生さん無料），コーヒー 50 円で
　　　　飲み放題（学生さん無料）

対象：乳幼児からシニアまで，"居場所" に関心のある方どなたでも

その他：コラボラ菜園体験，不定期で季節の行事，持ち込み企画など


■　運営会議（月 1 回）

原則第 2 水曜　10：30〜14：00


■　コラボラキャンパスネットワーク事業への参加

・コラボラ講演会（年 2 回）

・コラボラ会議（月 1 回）

・「NPO 法人北九州子育ち・親育ちエンパワメントセンター Bee」主催ミニプレーパーク（月
　1 回）への運営協力

・コラボラ菜園，観月会など


# 2　「ハロハロカフェ」のこれまでとこれから

　「乳幼児子育てネットワーク・ひまわり」発足から 16 年。北九州市内の子育て支援の機能も発達し，設立時に掲げた理念は徐々に薄らいできたともいえる。また，インターネットの普及などにより，運営主体である乳幼児の保護者を取り巻く環境も少しずつ変化し，個々の活動も多様化してきている。加えて子どもの成長や家族の転勤などにより，スタッフも変遷を繰り返し，価値観や運営の体制も変化する中で，スタッフ間では何度も「ハロハロカフェ」の必要性が問われてきた。しかし，そのたびに子育ての当事者であるスタッフや利用者から「この場所を続けたい！」という声があがり，現在もコラボラキャンパスネットワークの一員として，運営を継続させていただいている。

　幾度となく場所を移しながら，あえて「ハロハロカフェ」を続けてきた理由とは。そして，コラボラキャンパスネットワークの事業の一つとして，今後どのような展望をいだいているか。ここでは，設立当初から現在まで歴代のスタッフによる座談会形式で，その理由と展望を探ってゆきたい。

037

第 2 部　参加団体の想い

図1　活動の様子

第 2 章　乳幼児子育てネットワーク・ひまわり

エンドウマメ
いっぱいとれたよ〜！

コラボラ菜園活動も
しています♪

野菜やお花が育ってまーす。
子どもといっしょに水やりもできますよ。

お花さん、大きくなぁれ〜！

野菜さん、お水どうぞ〜♪

○運営　乳児子育てネットワーク・ひまわり
「ひまわりネット」は単なる人と人とのつながりや情報の伝達経路を意味するのではなく、
子どもを真ん中にして親も専門家も子どもに関わるすべての人たちが、知恵を出し合い語り合うことで、
人の輪を広げ誰もが学び・支え・力づけあう関係や環境を創造していく為の、ヒューマンネットワークです。

○運営　NPO法人北九州子育ち・親育ちエンパワメントセンターBee
Beeとは、市内外の子育て支援の人、情報、ソフトなどの様々な資源を集め、支援のコーディネートを行う
中間支援組織をめざしています。

○コラボラキャンパスネットワークとは？
「北九州市立大学」、「乳幼児子育てネットワーク・ひまわり」、
「NPO法人北九州子育ち・親育ちエンパワメントセンターBee」、
「高齢社会をよくする北九州女性の会」
「NPO法人GGPジェンダー・地球市民企画」の5団体が取り組む、
多世代交流・地域づくりに関する協働事業をコーディネートするネットワーク団体です。
普段なかなか接することの少ない学生と地域の方々が北九大キャンパスを拠点に
交流できる活動やイベントを展開中です。
ハロハロカフェもコラボラキャンパスネットワークがコーディネートする事業の1つです。

第2部　参加団体の想い

［登壇者紹介］

進行役：中村雄美子（2002（平成14）年度事務局長，「NPO法人子育ち親育ちエンパワメントセンター・Bee」代表理事）

発表者：古川千恵子（2000（平成12）年度代表），村田貴子（2003（平成15）年度代表），河野洋子（2011（平成23）年度代表），岡田華絵（2012（平成24）年度代表），横内節子（2013（平成25）年度代表）

## ■ 2.1 「コラボラひろば」から大学へ

中村：1998年に「乳幼児子育てネットワーク・ひまわり」（以下，「ひまわり」）が発足し，フリースペースの運営を続けてきましたが，なぜ大学の中で活動を続けるようになったのか，経緯を辿っていきましょう。

村田：2000年から小倉北区香春口で始めた「子育てほっとステーション「ハロハロ」」が，賃貸契約の関係により移転することになりました。この場所で「高齢社会をよくする北九州女性の会」から主催講座の託児に来てくださったグランマさんや講師の方々などいろいろな方と繋がったんです。この方々との縁をこのまま切りたくない，もっと上手く繋がっていきたいと画策しているうちに，旧中島保育所での「コラボラ広場」運営に繋がっていきました。

中村：（当時）児童家庭課から，「子育て研究という目的だったら」ということで力添えをいただいたことも大きかったですね。

村田：ここではフリースペースが曜日限定ではなく常設で，他に自由に使える貸室もあり自分たちのやりたいことをやれたので，活動がエネルギッシュでした。小倉北区の子育てサポーターさんの視察を受けたり，議員さんが見学に来たりして，その関係で私たちも議会を見学に行ったりしました。取材もたくさん受けて，1年半の間にとても凝縮した活動でしたね。その後，当初から言われていた旧中島保育所使用の期限がせまり，次の場所を探すことになるのですが，これまでの経験があったので，前回よりも「やれる！」という自信がありました。

古川：場所を探し回ったり，いろんな方にアドバイスをいただいたりして描かれた8つほどのシナリオの中のひとつに，北九州市立大学があったんです。

村田：その頃に市内にフリースペースはだいぶ出来ていたけど，（下の世代が続かないなど）世代が分断していると感じていました。私たちはやはり，世代を繋げるハロハロを続けたい。また，いろんな話をする中で「子どもを抱っこしたことがない若い世代が増えている」という話も出ていて……。大学生とも繋がりたいという思いを込めて，北九州市立大学の公立大学としてのミッション「地域貢献」という点も意識しながら，企画提案書を書いたところ，学生さんがコラボラ広場にボランティア実習に来てくれたんです。

古川：途中スタッフの世代交代があったりして，運営そのものを続けるか，方向性を探ってい

第 2 章　乳幼児子育てネットワーク・ひまわり

た時期もあったのですが，ひとりのママが「この人たちと離れたくない」と言ってくれて，キーパーソンとなって時代を繋いでくれました。もともと「コラボラ広場」には子連れの参加者が入りやすい下地ができていて，パパも巻き込んでの活動も盛んでした。

中村：実習の手ごたえがあったこと，今の学長さんはじめ理解ある先生方との関係者がいらっしゃり，公的にもバックヤードを支えてくださったことで，3ヶ月の試行期間を経て2006年4月から協定を結ぶことができ，いよいよコラボラキャンパスネットワークの一員としての活動が始まりました。

## ■ 2.2　「ハロハロカフェ」の第一印象

中村：ここからは，「コラボラ広場」を知らない世代のスタッフに，初めて「ハロハロカフェ」に来たときの印象を語っていただきます。

河野：私は2008年の夏，第1子が生後6ヶ月くらいの時に初めて来ましたが，「不思議な空間」という印象でした。いろいろな世代の方がいて，普段の生活ではない，お正月に親戚と集まるような，いろんな話ができて楽しかった。男子学生さんが赤ちゃんを抱いていたりして不思議だったけど，みんなが楽しそうで，生き生きしている印象でした。スタッフに同世代の来訪者と繋いでもらって，ご近所だとわかったり……。また，帰りに「またね〜」と言ってもらえて，その日も一人で来ていたけど，また一人でも来たい！と思えました。

岡田：私もやはり2008年の冬，生後6ヶ月の第1子を連れて，はじめは4人連れで来ました。近くのフリースペースはなんとなく行きづらくて，遊び場を探していた時期でした。ここは最初に来た時から“遊ぶ空気”（人のエネルギー）が渦巻いていましたね。また，スタッフが声を掛け合って楽しそうに活動しているのが印象的でした。

横内：まず，大学で何かやっているということにびっくりしました。“久しぶりの大学のキャンパスだ〜”と思いながら門をくぐると，お部屋が広くて明るくて，すごく居心地がいい空気が流れている。スタッフの方々も適度な距離感で接してくれるのも居心地が良かったです。子どもを床で転がして遊べたり，雰囲気がやさしく，また来たいと思って，足しげく通っています。

　　　自分の経験として，キャンパスに子どもがいたかな〜？と思い出し，でも学生さんがフレンドリーに関わってくれて，居心地がいい雰囲気を醸し出してくれているのが，通いつめる要因だと思います。

古川：学生さんたちも，初めはキャンパスに子どもがいることに驚くんですが，徐々に慣れて，「今日は水曜日ね」みたいに受け入れていく様子がおもしろいです。

河野：コラボラ菜園の野菜を「持って帰り〜」と言ってもらえたり，みんなで食事をする時に，スタッフさんが子どもを見てくださったり。久しぶりにゆっくり食事ができて嬉しかった。子どもが生まれてからは初めての経験でしたね……。ゆっくりコーヒーを飲め

041

第2部　参加団体の想い

るところもほかにはないし。

村田：あえて陶器のカップにこだわってコーヒーを飲めるようにしているんです。食べる・飲むことは大事なツールだから。

古川：大学に来るまでの間は会議の場所も定まらず，毎回場所を変えていたけど，これは子連れのスタッフにはとてもエネルギーのいること。そんなこともあってか大学に来たばかりのころはスタッフが少なくて，「NPO法人北九州子育ち・親育ちエンパワメントセンター Bee」も会議に入って支えてくれていました。（それを経験してきたからこそ）場所があるっていうのはすごいことだと思います。

中村：移転当初は会場費や光熱水費を支払っていたのが，そのうち，大学職員の方から声があがって，光熱水費も会場費なども免除していただくようになりました。会場の心配をすることなくフリースペースや会議ができることは本当にありがたいです。また，大学という公共機関を通して情報公開していると，ホームページの検索ヒット数が高いんです。スケールメリットの恩恵を大学で活動するようになってはじめて実感しました。

## ■ 2.3　大学で活動することの特徴とは

中村：前段で述べたような内容も含め，皆さんも大学で活動しているからこそ感じる特徴があれば教えてください。

村田：子どもを持っていない世代の方が居る。自分が経験していないことはなかなか理解しづらいものだけど，学生さんはここに来れば子どもを抱っこでき，お母さんの大変さを感じ，体験できるんです。大学は，いろいろな世代の方（デイサービスの方々の見学，保育園のお散歩など）が来ていて，開かれている感じがします。芝生広場で遊ぶこともできるのもいいですね。

岡田：大学は開かれているし，安心な場所というイメージです。公に発信する場所なので情報の信憑性が高く，初めての人にも安心感がありますし。また，学生さんもフラッと立ち寄ってくれるのもありがたいですね。普段の生活ではなかなかないことだと思います。

河野：私は大学に移ってから通い始めたので，これが当たり前だったけど，今までのいきさつを聞いて，ありがたいことだったのだなと思いました。（ハロハロが大学にあることは）"大学に行ってみたいけど，なかなか入れないけど，学食食べに行ってみたいけど……"を叶える一つのきっかけになりました。

初めのころ，本館の一番上に上がって景色を見たいと，数人でベビーカーを押してエレベーターで昇ってみたことがあります。その時，大学の先生から「可愛い赤ちゃんだね～。また遊びに来てね」と声をかけていただき，「温かいな～」と感じました。

中村：ただ単に「フリースペースに行ってみよう」というより，「大学でやってるから」「大学ってどんなところ？」と，きっかけが二重三重にふくらむんですよね。

河野：友達を誘う時にも大学の特徴を伝えると誘いやすいですね。「学食おいしかったよ～」

は，決めゼリフになります！

岡田：午前中だけ開催しているフリースペースは多いけど，遊び時間が足りないと感じることもありました。

河野：当時は親子ふれあいルームもなかったので，お昼を食べられるところが少なかったんです。

中村：食事ができる，安心して行ける環境は大事ですよね。一緒に食事をすることで親子どうしが仲良くなれるから。

横内：子どもが親の世代よりもう一世代若い世代と触れ合う機会があるのは大きいと感じています。子どもはより若い人に興味があるようで，相互に関われる場所は貴重ですね。あとは，ハロハロカフェが大学の公認の活動ということで，安心感，信頼性があると思います。

河野：学生さんが継続して関わってくれるので，子どもの成長を見て喜んでくれることがうれしい。「ずっと泣かれていたのに，このあいだ，顔を見て笑ってくれたんですよ」と報告してくれる。

古川：子どもの育ちが時の経過を表していますね。ママと学生さんの関わりも，学生さんのコイバナ（恋愛についての話題）を聞いたり，相談があったり，結婚観を聞かれたり……。就職活動を意識し始めた学生さんには「このママはこんな仕事していたんだよ」と言うと，興味がわくみたい。

村田：以前は，（「ひまわり」で）子連れで大学の講義で学生さんに話をしたり，同窓会館で調理実習したりしていましたよね。

河野：コラボラ講演会で，学内の先生にお話を聞く機会もあって，楠（凡之）先生，税田（慶昭）先生に発達のお話をしていただいたときは，その時期に自分が必要な情報が得られたので，とても救われました。

岡田：以前からもクリスマス会で積極的に関わってくださったり，最近では，ハロウィンの企画でキャンパスツアーをさせていただき，普段乳幼児親子が入れない教室にも入れたりと貴重な体験もできました。

中村：はじめは有志の学生が個人で遊びに来てくれていて，どちらかといえば個と個の繋がりが強かったんですが，地域創生学郡の廣渡先生のゼミで関わってくれるようになったのは大きな変化でした。学生さんがコラボラの会議に参加するようになり，学生さん発信で「歯みがき」，「メディア」などこちらのニーズをふまえたミニ企画をしてくれました。また，サイエンスカフェ（「NPO法人北九州子育ち・親育ちエンパワメントセンターBee」主催のミニプレーパークと共催），新年会（「高齢社会をよくする北九州女性の会」主催），親子ふれあいルームにもコンスタントに関わる流れができました。

第 2 部　参加団体の想い

## ■ 2.4　運営に関わるようになってからの自身の変化

中村：一参加者から運営に関わるようになって，感じたことはありますか？

村田：朝日新聞の記事を義母が見て，勧められてハロハロに参加しました。（夜間の授乳，夜泣きなどで）寝不足でボーっとしていたけど，何度も何度も来ていたので，"ここに居れば私にとって何か糧になる" とスタッフになりました。自分が強く思えば叶うことがあるということや，小さな力でもみんなでやれば動く，ということを目の当たりにしているので，市民活動は信じていいなと思っています。

中村：市民活動を経験してから一般の仕事をすると，違いも見えてきますね。

村田：一般の仕事とボランティアは違うけど，どちらにも関わると面白いです。こっちは基本が固まっていて，正しいと思っていることが同じ。また，「そうではない」と言い合える関係が良いですね。仕事は利益を考えるとそうも言えないので，対比が面白いと感じています。

岡田：今まで支援なんて考えたことがなかったです。活動を始めて「子育て支援」という言葉を知りました。かといって自分が支援されているとも思っていなかったのは自分が動いていたからだと思う。支援ではなく，みんなで一緒にやっている感じで……。最初は経験者に頼っていたけど，任されるようになって自分でも考えるようになってきました。

河野：この 2～3 年は新しいスタッフが増えてきて，体制が変わってきました。

古川：大学での活動が安定してきたことが，スタッフが増える素地になったのかな。負担が軽くなって，安心して活動できるようになったのでしょう。

河野：ふらふらと，いろんな所に行っていたけど，一つ軸足ができた感じ。腰を据えられる"居場所" ができました。いろんな講座って，市からお金をもらって「やって下さい」と言われてやるものだと思っていて，お金から作っているなんて知りませんでした。学生時代には学べなかったことを学んでいます。

横内：役割が自分にあるということ，思いを共有している実感があるところが満たされていないと，何をしても楽しくないのではないかと。ここで得られることがあって，赤ちゃんを抱っこしながらでもみんなで集まって，一つの方向を向いていることが貴重だし，ありがたいことだと思っています。

村田：思いが共通しているという安心感があると，自分の発言がしやすいですよね。

古川：同じ場所に通って，同じ時を過ごす……生活を共にするような感覚が育むものもあると思います。

岡田：個人個人はいろいろな活動でいろんな方向を向いてはいるけれど，目指すものは一緒ですね。

044

## ■ 2.5 現在の子育て環境における「ハロハロカフェ」の意義

中村：設立当時は少なかった子育て支援の場。自分たちで必要性を感じて作ったハロハロカフェですが，今は他にもたくさん支援の場はあります。なのに，どうして「ひまわり」は活動を継続しているのか，フリースペースという形にこだわっているのか。思いをお聞かせください。

村田：フリースペースなのに"フリー"でない（と感じる）場所はありますね……。自分が過ごしたいようにではなく，みんな一斉に何かをする。なので，その中での私の選択肢はありませんでした。

古川：「ノンプログラム」[1]というのは，実はかなりの配慮が必要なのです。

村田：それを知っているので，そうでない場所はとても疲れました。ノンプログラムでほぐれたところに「ちょっとなにかやってみる？」というのと，あれもこれも……と常にイベントをするのは違うような気がしています。

中村：地元のフリースペースに，遅れて遊びに来た親子が，たまたま盛り上がっているコーナーに「今は○○の時間なんですね」と，子どもは嫌がっているのに入ろうとした。好きに過ごしていいんだということをあえて言ってあげなければならないほど，ここ数年は場の空気を読むことを強いられる流れがある。

古川：遊びに来た親子が場の主人公ではないということですね。

村田：今のママは，普段の生活でもそれだけ周りに気を使っているのでしょう。

---

1) スタッフ側が特定のプログラムを用意することなく，利用者本人が何がしたいかを自ら考えて行う活動の総称。子どもたちが主体的に活動できる環境を整えることにより，自分自身で遊びを考え出すことを促し，子どもが本来持っている力を引き出す効果が期待できる。

第 2 部　参加団体の想い

## ■ 2.6　大学を拠点に活動発信することの可能性

中村：いろんな人がいろいろな思いで居られるというノンプログラムの場所を提供すること
　　　は，とてもハイテクなことであると，私たち「ひまわり」は自負しています。初期の時
　　　代から「何をしていてもいいよ，ということを保証する」というところにこだわり，引
　　　き継いできました。そのためには，やはり，ときどきたちどまって確認し，言葉でふり
　　　かえる（言語化）ことが大切で，もっと，そのことを意識していきたいと思います。な
　　　おかつ，大学で活動させていただいていろいろな先生と繋がっているので，専門家の智
　　　に支えられて，「ひまわり」も育てていただきました。今後大学で活動させていただく
　　　にあたり，こうして言語化したものを，スタッフ研修，さらに講演会などあらゆる形で
　　　ハロハロ利用者に伝えていき，そこで得たものを親子ふれあいルームの運営にも繋げて
　　　いきたいです。

第**3**章

# NPO 法人北九州子育て・親育ちエンパワメントセンター Bee

## 1 大学から地域へ──プレイパークで〈遊びあふれる街に！〉

　この章では，「NPO 法人北九州子育て・親育ちエンパワメントセンター Bee」（以下，Bee）
主催による「プレイパーク活動」の拡がりと学生の関わりを中心に稿をすすめていく。
　Bee は，「子育てしやすい地域づくりに関心のあるすべての人々に対し，子育ち・親育ちに
関する人材育成事業，子育ち・親育ちに関する情報の普及・啓発事業，子育ち・親育ちに関す
る調査・研究事業，連携を促進する事業を行い，養育者と子どもが真にエンパワメントされる
子育て支援」をミッションとして，2005（平成17）年に設立した。
　子どもの育ち，親の育ちについては，室内型子育て支援が主流になる中，子どものいきいき
とした力をひきだすはずの，遊び環境の変化に強い危機感を持ち，2008（平成20）年から，コ
ラボラキャンパスネットワーク事業として，継続的なプレイパークを開始した（実際の大学で
の事業名は，「ミニプレーパーク」だが，後発する協働提案事業にあわせて，事業名を「プレイパー
ク」で統一する）。

## 2 大学構内で，北九州市内初の継続的なプレイパーク事業を開始

### ■ 2.1 プレイパークとは

　プレイパークは，まだ，言葉として普及していないが，子どもの遊び環境への問題意識か
ら，近年，遊び場のあり方についての関心が高まり，少しずつ，一般化している。Bee は，単
発のプレイパークを開催するとき，次のような説明をしている。

　プレイパークは，「自分の責任で自由に遊ぶ」をモットーに，木・水・土・火などの自然のもの
で子どもたちが自由にのびのびと遊ぶ場です。手づくりの遊具もあるので，安全にはみんなの協力

が必要です。

　気づいたことは，ぜひスタッフに知らせてください。

　子どもが自由に公園で遊ぶためには「ケガとベントウは自分もち」が基本です。

　そうしないと，禁止事項ばかり多くなって，楽しい遊び場になりません。

　みんなで力をあわせて楽しい遊び場，楽しい公園（遊び場）をつくりましょう！

　Bee は，単発のプレイパーク企画から，親子のニーズを感じ，2008（平成20）年 1 月に北九州市立大学に，下記のような要望を提出した（要旨）。

● 偶数週の月曜日（当時。現在は水曜日）を外遊びメインの活動にしたい。

理由：

・乳幼児の外遊び環境が悪くなっている。（公園が遊びにくい，少子化で公園での出会いが少ない）

・しかし，ニーズはとても高い。

・親自身が外遊びの環境づくりを担う力をつける必要がある。（公園サポーターや公園リヤカーなど，さまざまな外遊びの試みがはじまっている）

・全国的な動向として，学童期からのプレイパークへの参加ではなく，乳幼児期に外遊びの力をつけることが必要，という問題意識が生まれている。

●奇数週のハロハロカフェに加え，第 2 週にも外遊び活動を実施し，そのノウハウを整理して発信したい。

　大学側は，既存の倉庫の使用について，便宜・調整してくださり，市内で初めて，定期的な外遊び事業がはじまった。

　2015（平成27）年度の現在まで続くこの事業は，奇数週のハロハロカフェと相まって，学内に来る親子が「水曜日」をチャンネルにコラボラキャンパスネットワークの活動に親しむ柱のひとつとなっている。2010（平成22）年 2 月にはじまった，「小倉南区親子ふれあいルーム“さざん”」（北九州市主催，以下，“さざん”）の事業が，室内型子育て支援の受託事業であることから，外遊びの重要性をしっかりと伝えていきたい Bee メンバーとしては，大学構内のこの継続的な場を貴重な機会として，“さざん”利用者への広報に力をいれている。

　毎月，第 2 水曜の午前，北方キャンパスのほぼ真ん中あたりにひろがる芝生広場には，銀色のリヤカーに，ボールやダンボール，砂場道具や，水遊び道具を乗せて，スタッフと共に，ボランティアの親子が現れる。スタッフが準備しおわる前から，シャボン玉で遊ぶ子どもたち……。そこに，授業を終えた学生たちが通りかかる。いっしょに遊んだり，2・3ヶ月そこそこの赤ちゃんを初めて抱っこさせてもらったり……。親子連れは，昼休みの多彩なサークルの活動をおもしろそうに眺めたりもする。知のキャンパスに，織りなすように広がる生活感あふれる光景である。

第 3 章　NPO 法人北九州子育ち・親育ちエンパワメントセンター Bee

図1　ミニプレーパーク広報チラシ

図2　童心にかえって遊ぶ学生たち，学生時代をなつかしみつつ，子どもたちをみまもる保護者たち

第2部　参加団体の想い

## ■ 2.2　外遊びに関わる人材を育てる──「もっともっと外遊び講座」

　このプレイパーク事業のひとつに，毎年度1回のみだが，「もっともっと外遊び講座」がある。プレイパークを身近に感じてもらい，なぜ，プレイパークが必要とされているのか，どのように日常の中に織り込み，実践していくのかを考えていく講座である。

　2回，あるいは3回で構成するが，ここでは，2010（平成22）年度の講座内容，ふりかえりを紹介する。

**表1　「もっともっと外遊び講座」プログラム**

| 日　　時 | タイトルとファシリテーター | 内　　　　　容 |
|---|---|---|
| 10月1日（金）10：00〜12：00 | PLAY BACK！　遊びと遊び場（Bee 理事） | 参加者自身の遊び体験をふりかえり，今の遊びや，遊び場の現状を意識した。 |
| 11月5日（金）10：00〜12：00 | 五感がひらく！　パッ！（Bee 理事） | 市内の公園での遊びの現状を調査したアンケート結果を知り，五感を感じるワークショップを体感した。 |
| 12月3日（金）10：00〜12：00 | 『遊ぶ力』は『生きる力』古賀彩子さん（福岡プレイパークの会） | PLAY FUKUOKA（当時，福岡プレイパークの会）の古賀彩子さんを迎えて，遊びとは何か，大人の関わりのあり方，遊び場をひろげていく可能性について共有した。 |

【参加者の声】

・自分＆他のみんなの小さい頃の遊び方と今の現状を比べて，改めて昔と同じような遊びを期待するのは正直難しそうと思った。その中でいかに子どもたちに外遊びの楽しさを伝えていくか……。すこしずつでも親たちが学んで多少の環境の整備が必要かな，と思った。

・ワークショップに参加して年令は違っても思うこと，考えていることは同じだと感じた。他の方の話をきけてとても良かった。今の子どもも親も大変。世の中はこわいという意識が強い。親が子どもに遊びをおしえない。親が子どもと遊ばない。

・住環境の違いであそび方が異なる。経験することがその後に影響すると思います。

・ゲームでストレス発散できるのか。子どもをまだまだ外で遊ばせることができてないなと思いました。今は泥遊びさせたいと思っていますが，一人目のときは汚れるし，家まで遠いからいやでした。今考えるとその場で着替えさせたらよかったなと思います。空き地がいっぱいあったらいいな。子どもたちが仲間はずれもなくあそんでほしい。

・今の子どもたちが遊べていない，というのを多くの人たちが感じているんだ，と思いました。遊べない現状の中で今の子どもたちに何をしてあげられるかなーと考えてみたいと思います。

　参加者は現在の遊び環境の課題を感じたようである。また，「自身の"遊び観"や"遊び場観"になにか，変化や，深まりはありましたか？」との問いにも，「子どもが遊んでいるときに「あぶないからダメ」とか，「あっちに行って遊びなさい」とか本人の気持ちをまったく考

えてなかったので，今後は自由にさせて見守りたい，と思いました」「危ないことが勉強にな
ると思いました」「まだまだ遊びに対して甘いと思いました。できるかぎり，子どものしたい
ことをさせることができるように支えたいと思いました」など，視点が変わったとの声が寄せ
られた。

　この外遊び講座で学んだ参加者が地域の遊び場で，定期的なプレイパーク活動をはじめ，そ
の後，霧丘中学校区で小倉北区役所コミュニティ支援課との協働で，「プレイワーカー育成講
座」が開催された。関係者は KISH（霧丘いっしょに外遊びを拡げよう実行委員会）をたちあ
げ，月 1 回の全世代をまきこんだプレイパーク活動へとつながっている。

# 3 プレイパークの政策提言をすすめる

## ■ 3.1　北九州市子ども・子育て会議へ意見書

　2008（平成 20）年より続けてきたプレイパーク事業で得た知見をもとに，Bee は市への政策
提言を行った。子ども・子育て新制度の策定の際，NPO 代表として参画した委員の中村雄美
子代表理事より提出した意見書（2013（平成 25）年 10 月）を掲載する。

---

NPO 法人北九州子育ち・親育ちエンパワメントセンター Bee
北九州市子ども・子育て会議　提案書
〈外遊び環境の充実！　プレイパークをつくる！〉

問題意識

　Bee は，北九州市立大学構内で，2008 年から，ミニプレイパークを実施して 6 年目です。年々
参加者が増え，毎年主催する「外遊び講座」受講者から，市内にも外遊びの定期開催の遊び場が増
えてきました。禁止事項の少ない外で，思い切り自由に遊ぶ子どもの姿は，大人自身を変容させま
す。外遊びが好きになった親子は，毎回参加するようになります。（そうしたリピーターが増える
一方で，外遊びをしたがらない保護者も増えてきていると実感しています。）

　自然環境の中で遊び，たっぷりと五感を使って，さまざまなことに興味を持ち，いろいろな人と
関わりをつくり，自分のやり方や自分のペースで，創意工夫をし，挑戦し，失敗し，それをのりこ
えて成長していく外遊びは，子どもにとって，本当に必須のものです。また，それをしっかり「待
ち」「尊重できる」大人になることは，親育ちの一つのポイントでもあります。

　冒険遊び場づくり協会の HP によると，全国的には 1998 年度には 57 団体だった活動団体数は
2012 年度には，311 団体へ増えています。しかし，市の施策としては，室内型の遊び場ばかりが増
え，外遊びの重要性がメッセージとして届いていません。行政施策では，公園等のハードの整備は
あげられていますが，ソフトや人材育成が伴わないために，子育てサポーターなど，行政主導の支

第2部　参加団体の想い

援者育成では，外遊びの大切さが共有されず，地域で外遊びの取り組みが増えていかないと感じています。しかし，子どもの体力低下や，体験不足は待ったなしです。乳幼児期からの，親自身の育ちも含めた外遊び環境の充実をはかるべきです。

提案1　常設のプレイパーク等の外遊び拠点づくり

　市内に常設のプレイパークがあれば，そこを拠点に，外遊びの豊かさや，大切さを市民で共有することができます。拠点でノウハウの蓄積や人材育成をすすめ，それを地域に発信することで，親や，支援者など，やりたい人が地域で外遊び環境を豊かにしたい取り組みをサポートすることができます。外遊びのリソースセンターです。

　福津市は，九州初の常設プレイパークづくりをすすめ，ついに，2013年度より，週5日の開催となりました。宗像市も官民協働で，今年度より，常設のプレイパークがはじまりました。プレイパークは多世代が集える居場所づくりであり，そのまま地域づくりにもつながります。北九州市においても常設のプレイパークづくりを切望します。

提案2　【遊び・体験のNPOネットワーク】の活用

　NPO法人北九州子育ち・親育ちエンパワメントセンター Bee および，NPO法人 KID'S Work，NPO法人スポーツウェイヴは，【遊びと体験】をベースに外遊び環境づくりに必要な様々なプログラム提案ができます。ぜひ，行政と協働しつつ，外遊び環境づくりを充実させたいと考えています。

　北九州市は，この意見書もふまえて，「外遊び（プレイパーク）の検討（子ども家庭局・青少年課）」を計画にあげている。

【子どもの健全育成を図るため，自然にふれあい，さまざまな外遊びができる機会を提供することが重要であるとの観点から，自然の地形や樹木を利用し，「子どもたちが自分の責任で自由に遊ぶ場」であるプレイパークについて，先進事例調査や本市での実現可能性，NPO等との協働のあり方などの検討を行います。】

## ■ 3.2　協働提案事業でプレイパークに取り組む

　前述の意見書に沿って，Bee は，2015（平成27）年，NPO法人 KID'S Work と前述の霧丘中学校区の KISH と共に，3団体で「北九州子どもの遊びと生活体験ネット」を構成し，北九州市子ども家庭局青少年課に協働提案を行った。

　協働提案事業「外遊び環境づくりを通した，子どもが育つ関係づくり」は，「全世代対象の大きなプレイパークの開催（3回）」，「ユースプレイリーダーの育成」，「地域へのプレイカーの派遣」の3つの事業からなっている。ここでは，特に北九州市立大学でコラボラキャンパス

第 3 章　NPO 法人北九州子育ち・親育ちエンパワメントセンター Bee

図 3　とらのこユース講座広報チラシ

図 4　第 2 回とらのこユース講座で
ディスカッションする学生たち

　ネットワーク活動に関わる学生が多く参加してくれた「とらのこユース講座　プレイリーダーになろう！」の学生たちのふりかえりから，遊びについての学生のまなざしをまとめてみる。
　2015（平成 27）年 7 月のとらのこユース講座第 2 回では，「今！　おしよせる遊びの危機！」と題して，泥遊び・砂遊びなど，大人がさせたい遊びを子どもができていない現状，子どもを一人で遊ばせられない治安への不安，スマホなどの端末の普及で，乳幼児でも簡単にバーチャルな刺激にさらされやすく，一部の保護者が安易にメディアに接触させてしまうことなどをワークショップ形式で共有した。学生たちは，以下のようにふりかえりを記している。

・今日は，子どもの遊びの妨げになるものについて学ぶことができました。
　妨げの原因としては，いろいろなことがあげられましたが，その中でも大人の都合という部分が気になりました。また，メディアが与える影響の大きさにも驚きました。
　ゲームでは，私たちがいかに視覚優位な感覚で生活しているかが，身をもってわかりました。子どもの成長に必要な危険であるリスクまで取り除いては，逆に子どもの成長にあまりよくない影響がでるのだと思いました。
・今回見せていただいたアンケートは女性の回答が多かったですが，男性は外遊びや子育て対してどのように感じているのか，気になりました。以前，あるお母さんが「普通の公園にないけど，交通公園にはブランコがあるから良いねぇ〜」と言っていたのを耳にしたことを思い出しました。
　自分が子どもだったときは地区の公園の中にほぼブランコが有り，最近，実家に戻り散歩をしてたりすると前あったところからブランコがなくなっていたので，行政や地域？は子どもの安全性

053

第2部　参加団体の想い

を優先する傾向にあるのかな？と感じました。

・今日のとらのこ講座では，現代の子どもを取り巻く環境の変化から遊びがなくなっている現状について知ることができました。自分の中では当たり前だと感じていたことでも，時代の移り変わりとともに当たり前ではなくなり，私自身も子どもの遊びに危機感を覚えました。より詳しく現状を知りたいと感じ，自分の今後の子どもと関わり方について考えさせられた講座でした。

・遊べない子どもの理由も考えると沢山あるなと思った。その中で大人という子どもにとって影響力の高い存在が遊びに対して否定したり，規定を作ってしまうのは良くないと思った。自分たちが今の現状を知り，学んでいる重要性を改めて実感しました。このような現状と本来のあり方を，もっと多くの大人が学ぶべきだし，親を含め地域の人と一緒に子どもの自由な遊びを否定しない環境を作っていくことができたらいいなと思った。自分は，できる限り子どもの自由な遊びをさせてあげられる親になりたいと思った。

・今回，子どもの遊びをおびやかすものについてクイズや意見交換をしながら，私は"ダメ"という言葉について考えさせられました。リスクとハザードの考え方を教えてもらって，親が考える"ダメ"は，子どもの成長に必要な危険であるリスクでさえも，取り除いてしまって，子どもが自主的に遊ぶことが妨げられているかもしれないと思うと，改めて，子どもが自由に自ら楽しんで遊べるという環境を整えることの奥深さを感じることができました。

メディアの恐ろしさも含め，子どもの周りの環境や，人との関わり方などもっともっと考えて，みんなとシェアしながら学んでいきたいとウキウキしてます。

・平和公園でのプレイパークの体験があったため，今回の講座は子どもたちの遊びを思い出しながら受けることができました。今回，時代の流れや親の考えで子どもにとっての本当の遊びとはなんだろうかと感じました。子どもの教育のため行っていることも遊びの観点から行くと，マイナスな気がします。今後の活動で子どもにとっての遊びとは何かより深く理解していきたいです。

・今回の講座では，親の考え方や育て方，子育ての現状を知ることができました。特に，スマホのアプリを使って子どもをあやしたり，メディアに触れる時間が長いことで生活リズムが狂ったりと，今まで考えることがなかったことには強い衝撃を受けました。スマホを使用する世代はこれから増えていくと思うので，メディアが与える影響を，私たちと同世代の方にも知ってもらう必要があると考えます。そうなることで，少しでも遊び方や育て方が変われば良いなと思います。

　学生たちは，それぞれのとらえ方で，ひそかにすすむ，子どもの遊び環境の危機を感じている。このとらのこユース講座の学びと，3回にわたる大きなプレイパークという実践の場との循環で，子どもの遊び環境に，大人や，ユースは何をすべきか，何ができるのか，という問題意識をしっかり持ってもらえたようである。

　次は，2015（平成27）年12月のとらのこユース講座第3回についてのふりかえりである。この回では，プレイワーカー養成講座の資料を読みあわせしたあとに，プレイパークの場にいる"ヒト"について，尋ねた。

　「あなたの子ども時代に，今，おもいだす　いいなと思うプレイワーカー（的な人）は？

または対話してくれたオトナとはどんな人ですか？」という質問に対し学生たちは様々な視点で，"ヒト"について語っている（一部抜粋）。

**【話を聴いてくれる人】**
対話してくれた大人については，祖母だと思います。
母とけんかしたり嫌なことがあったとき，必ず家にきて話を聞いてくれました。
確実に私が悪いことをしたときでも，あいづちをうって最後まで話を聞いてくれました。
それだけで嫌なこともだんだん忘れられた経験があります。

**【本気で叱ってくれる人】**
中学の時の部活の顧問の先生からの対話？　教え？です。
人に「甘く」は簡単，人に「優しく」は難しい。これです！
人に甘いとは自分にも甘い。人に優しい人は自分に厳しいし，
他人に対してもただいい顔をするだけじゃなくて本気で人のことを叱ることができるから。

**【子どもに責任をとらせてくれる人】**
自分にとって良かったと感じる大人は身近なところでいうと両親です。
とらのこの講座でも少し話したように，子どもの頃，相手に迷惑をかけたことであれば親が介入せず，子どもたちで解決するような環境をつくってくれました。
責任を負うことは，子どもの権利であり，成長のために必要なものと学んだこともあり，やはり自分にとって良かった大人は両親だと感じます。

**【自分とむきあう機会をつくってくれた人】**
とても勝手なのですが，少し違うことを書きたいと思います。
今回だけでなく，今までのとらのこ講座をしていく中で，小さい頃のことを思い出す機会が増えました。しかし，私は嬉しかったことや楽しかったことよりも，今まで目を伏せてきたことや自分の記憶や気持ちにふたをしていたことを振り返ることの方が増えました。
今思えば，どうしてあんなに小さい頃から相手に対して，気を遣っていたのだろうかと不思議で仕方ありません。
今までのことを考えると，自分の過去と向き合う機会を与えてくれた，岩丸さんと中村さんが私にとって出会えて良かったと思える大人だと思っています。

**【意見を認めて，一緒に遊んでくれる人】**
自分にとって良かったプレイワーカーは，小学校2年生のときの担任の先生です。
休み時間は，いつも子どもたちと一緒に遊んでくれました。
私たちが危険なことをしていても大怪我にならない遊びであれば一緒になって遊んでくれました。

学校にある遊具以外にも遊べそうな段ボールやお菓子の空き箱だったり普通では否定されるような大胆な遊びをする事を認めてくれる先生でした。

私たちの意見考えを受け止めてくれていました。

そんな先生が私の中で1番対話をしてくれる人だった記憶があります。


【子どもと対話してくれる人】

対話してくれた大人について小さい頃，

私は自分の気持ちを言葉で伝えるということができないでいました。

だから，なにか思ってることがあっても，ただ泣くだけでした。

泣くことでしか伝える手段がなかったからかなと思います。

そんなときにお母さんが，「泣いていいよ。泣いてもいいけど，でも，どうして泣いてるの？　それをママに教えてほしいな。どうしたと？　何があったの？　どう思ったの？」という問いかけをしてくれました。

その他にも，幼稚園であったことを，毎日質問してくれて，私もいつのまにか話をすることが楽しく感じていたんだと思います。

やはり，子どもとの対話は大切だと思いました。

泣いているから，悲しいんだという固定観念などで物事をみがちですが，それだと本当の子どもの思ってることを知れないと思います。

子どもの気持ちを間違えて捉えないためにも，きちんと対話することが大事だと思います。


【様々な子どもを受けとめてくれる人】

私の素晴らしいと思ったプレイワーカーは，子どもの性格や興味の持っているものによって，自分のキャラクターを演じ分けることができる人です。

プレイパークの中には様々な子ども達がいます。汚れるのが嫌いな子や走り回りたい子，おままごとがしたい子やチャンバラがしたい子等々です。そういった，様々なニーズが存在する場所がプレイパークであり，そのニーズに応えるのがプレイワーカーだと私は思います。


【子どもがやりたいことに付き合ってくれる人】

幼い頃遊んでくれたり，相手をしてくれたのは男の人だったと思う。

親の友達や知り合いなど。

印象深い思いでとして残っているのは知り合いのおじさんに，なぞなぞを妹と一緒に何時間も出し続けたことがある。

おじさんはずっと楽しそうに答えてくれた。今思えば少し辛かっただろうと思う。

おじさんは嫌な顔一つせず，楽しいからとずっと付き合ってくれた。

私の中での良かったプレイワーカーは，子どもがやりたいことにずっと付き合ってくれる人だと思う。

第 3 章　NPO 法人北九州子育ち・親育ちエンパワメントセンター Bee

図 5　2015（平成 27）年 7 月　小倉北区平和公園にて

図 6　2015（平成 27）年 12 月小倉北区平和公園にて

図 7　2015（平成 27）年 10 月小倉南区堀越キャンプ場にて

## ■ 3.3　ユースとともに，子どもの遊び環境を支えていく

　とらのこユース講座で，学生たちの言葉にふれる時に，ワークショップを進行する私たちもハッとすることが多い。通常，Bee が実施する親や支援者向けの外遊び講座は，参加者は，親の立場を抜きにして考えにくい。親として，また，子どもをみまもる大人集団として，子どもたちに何ができるのか，が主要なとらえ方になる。

　一方，学生の視点は私たちにさらなる学びを促す。学生は，プレイパークに関わる際に，遠い日ではない子ども時代を思い起こしながら，親でも，地域の大人でもない，第 3 の視点でいろいろなテーマを考えている。まず，しっかりと自身が子どものように遊んでいる（しかも，くたびれた大人より，体力にまさる）。そして，かつて，自分に接してくれたプレイワーカー的な大人をロールモデルに，子どもとの関わりをみつめている。一方で学びを活かして，客観的に，リスクマネジメントもしている。とても多面的な視点で，プレイパークの実践に関わってくれる。子ども時代と大人の間をすごす，ユースとしての視点がそこにはある。

　また，乳幼児を含む子どもにとっての，学生の存在を特記しなければならない。乳幼児や，子どもは，そうとは教えたわけでもないのに，学生のことがとても好きだ。学生にしかけてい

第2部　参加団体の想い

く遊びが違う。おそらく，大人のもつ，安全管理を気にかけるすこしかた苦しいまなざし，子どもを緊張感を持って育てなければならない，という教育的なまなざしを感じなくてすむのではないだろうか。学生と子どもたちが，芝生広場のすみっこで，肩をよせて何かしている姿は，共感的なひそやかな空気を発していることも多い。

Bee がコツコツと取り組んできた，継続的なプレイパーク事業。外遊びだからこそ生まれる，子ども，大人双方への遊びがもたらす豊かさ。そこには，コラボラキャンパスネットワークだからこそ，学ばせてもらえるユースの視点があった。その視点は，大人にも様々な気づきを与えてくれる。だからこそ，全世代にとって，居場所となるプレイパークの拠点を市内につくっていきたい。

子どもにとっての外遊びや体験活動の重要性を広報・啓発するため，またプレイパークとは何か市民に広く周知するため，2015（平成27）年に引き続き，2016（平成28）年も「北九州子どもの遊びと生活体験ネット」として，北九州市子ども家庭局青少年課とともに，講演会の開催や広報誌の作成など協働事業に取り組んでいる。また前述の3団体構成メンバー以外にも，外遊びや体験活動の重要性に関心を持つ方とゆるやかなネットワークを構築し，情報交換や学びあいを共にし，市民として共感の輪を広げるとともに，今後も行政との協働を育みつつ，子育ち・親育ちのための環境づくりをすすめていきたい，と思いを新たにしている。

第**4**章
# 高齢社会をよくする北九州女性の会

## 1 高齢社会をよくする北九州女性の会

「高齢社会をよくする北九州女性の会」（以下，「女性の会」）は，1985（昭和60）年の発足以来，"普通の女性"の力を結集して，人々がいきいきと年を重ね，安心して老い，その結果としての豊かな死を迎えられる社会をめざして活動してきた。発足当初より，時代が要請するテーマを先取りする形で学習課題とし，講座や講演会・シンポジウムなどを継続して実施している。

また，いくつになっても住み慣れた地域でぎりぎりまで自立して生活できるようにと，高齢者の身の回りのサポートや話し相手，通院や買物への付き添いなどに始まり，さらには男性の応援も得ながら年間約3万8千食〔2015（平成27）年度現在。最大時は2006（平成18）年度6万5千食〕に及ぶ配食活動を行って今日に至っている。

### ■ 1.1 発足に至る経緯

「女性の会」は，1985（昭和60）年6月22日の設立総会を以て正式に発足した。当時の日本の高齢化率はたかだか10%前後に過ぎず，従って発足当時の名称は「高齢化社会をよくする北九州女性の会」，会員数は約300人であった。会発足の背景には，1975（昭和50）年の「平等・発展・平和」をスローガンとする国際婦人年と，それに続く「国連婦人の10年」の大きな世界的うねりがある。日本でも「国際婦人年をきっかけとして行動を起こす女たちの会」が首都圏で誕生していた。同時進行の形で当時社会的に意識されはじめたのが「高齢化問題」であった。ヨーロッパ主要国で先発していた人口構造の高齢化は，その主たる舞台が日本に移りつつあった。

第2部　参加団体の想い

## ■ 1.2　会の目的と活動・事業

　発足当時の合計特殊出生率は 1.7 で，人口構造の高齢化の背景には少子化があることは会の出発時から意識されていた。さしあたっての課題は，まず「普通の」女性の自立と社会参画の場をつくり出すことで，女性のエネルギーを，愚痴のこぼし合いと噂話の次元から，社会をより望ましいものにするための活動に向ける舞台作りであった。具体的には，研究会・講演会・シンポジウムの開催・調査活動などと併行しての配食活動・高齢者支援「やさしい手」・子育て支援「グランマ活動」などである。調査活動は行政に提案する際の「エビデンス」として，配食活動は高齢者を支える「地域の絆作り」が主眼であったが，開始して 30 年あまり経った現在では「高齢者が高齢者を支える」当事者としての，また高齢者のアクティブな居場所作りの効果も生み出している。

　「グランマ活動」は，子育て世代が安心して職業生活を継続できるように支援することで少子化を緩和するだけでなく，時に虐待まで進行しかねない煮詰まった親子関係の緩衝地帯を作りたいという狙いも持っていた。少子化現象を改善するために，国や地方自治体は，結婚・妊娠出産の奨励策を打ち出しているが，過去の大戦中の「産めよ・殖やせよ」というかけ声が記憶に残る世代としては，人口を増やすために，自分の人生を犠牲にしてまで子どもをたくさん産むことよりも，女性のリプロダクティブ・ヘルス／ライツ（性と生殖に関する健康と権利）を保障した上で，せっかく生まれてきた子どもを，大切にしっかり育てる方向性を確立したいという思いからであった。

## ■ 1.3　より良い活動のための「学びの機会」の創造

　「女性の会」発足 10 年目の節目の年である 1994（平成 6）年に「グランマ活動」は始まった。その年の総会挨拶で，組織の代表者である冨安は「今年の重点課題は，高齢化社会の背景にある少子化現象の中で"社会的子育て"のためのプログラムを新たに展開しようとする点にある。これは，国際家族年でもある今年，"家族から始まる小さなデモクラシー"を達成するために，血縁に基づく家族の絆だけでなく，血縁を超えたより大きな支えあう関係を，世代を超えた女性の連帯によって構築したいということでもある。福祉文化を具現する社会的プロセスのどこかで，この会が何らかの働きをすることができるとすれば，会に連なる一人ひとりの力はたとえ小さくても，小さいものを寄せ集めて大きな作用を生み出す装置となり得ることを確信して 10 年目の活動をより拡げ，また深めてまいりたい」と語っている。

　この年は，発足以来高齢者の問題を継続して取り上げてきた高齢学講座を，当面の課題である「子育て支援講座」に切り替え，テーマを「グランマ講座・新米ママの子育て応援します」として，子育て支援講座（全 15 回）の学習会を開催。講座の初回，「社会的子育て」の講義の締めくくりに，冨安は「確かな学習は確かな行動を生む。わが会のグランマが次の世代にとっての心強い味方となり，世代間の連帯が次々と生み出されていくならば，私たちも日本の将来

第4章　高齢社会をよくする北九州女性の会

「女性の会」のさまざまな活動より

双児の会　集団託児

留守宅での見守り

配食活動

子育て支援講座

シンポジウム

調査活動等の冊子

に明るい展望を見出すことができるでしょう」と希望のメッセージを述べた。

　さて，20年を経てようやく，国や市においても社会的子育て支援政策への動きがより具体化してきたが，少子化傾向にはなかなか歯止めがかからず，人口構造の急速な高齢化と併せて，デジタル化が深刻となった。「グランマ」世代もそれなりに高齢化して，関わりの担い手としての限界が見え始め，地域での子育て支援者との幅広いネットワークの必要性がますます重要になってきた。このような状況判断から，少子高齢社会の基本的な問題に立ち返り，人口減の中，市民の立場で支えあう関係性を構築するための課題に再度取り組もうと，グランマ活動20周年にあたる2014（平成26）年，再び子育て支援講座〈PART Ⅱ（北九州市平成26年度ホット学びたい市民講座支援事業）〉を開催した。市民としての関わりを学びたいと希望する地域の子育て支援者を中心に熱心な参加者が集った。

　子どもの発達課題や，子育てに困難を覚える親の支援，さらには子どもの貧困化について，子どもたちの未来にとって有益な社会的関係性をどう作っていくのかなど，多岐にわたる視点から考えることのできた講座で，子育て中の方も，子どもの手を引きながら熱心に参加された。子育て支援の活動者としてはもとより，自身の子育てにとっても有意義な機会となったようである。

　こうして，学習を積んだ新しい仲間とともにネットワークを拡げる場面が少しずつ形成されていった。「安心して子育てが出来，安心して老いることが出来る社会の実現」に向け，「高齢者層が積極的に関わることを通して，社会的な役割を持ち活き活きと生きられる」，支えあう関係性を地域の中に築く担い手としての実践がいっそう拡がることになった。

第 2 部　参加団体の想い

■ 1.4　これからの課題と展望（30 年の歴史を踏まえて）

　活動開始以来，行政との「ほど良い緊張関係」を保ちながら，高齢社会の今日的課題に独自のスタンスで取り組んで来た。成熟社会に入った今，高齢当事者集団としての見識と経験をベースに，より緻密で，且つ広い視座に立つネットワークの形成に力を入れることが課題である。

　第 1 部第 1 章に詳述したように女性同士の連帯から性別を超えた連帯へ，そして世代を超え，さらには国境や民族を超えた連帯へと進むことを課題として，さらなるネットワークの形成が試みられなければならない。

　コラボラキャンパスネットワークの活動としての具体像を以下紹介する。

## 2　コラボラ菜園 10 年の歩み［菜園担当：香月純子の『菜園日誌』より］

■ 2.1　菜園活動の始まり

　2004（平成 16）年，「コラボラ菜園」は旧中島保育所（小倉北区）の園庭で始まった。

　土に触れ花や野菜を育て，収穫物を食べる菜園活動。生命の営みを体感できる場として，また，作業を通して多世代が理解を深め，文化や活動を次世代に繋いでいく場として，「グランマ」が中心になって菜園活動に取り組んだ。

　子育て世代の人たちや学生さんと一緒に食事をしたり，野菜作りの作業を共にする中で，お互いの理解が深まり，心が通じ合い，祖父母（グランマ）世代が受け継いできた伝統文化や生活の知恵などを自然と次世代に伝えることができた。

　次第に畑が広がり，夏野菜，冬野菜の大収穫を多世代で楽しんだ。

グランマ特製「夏野菜カレー」がおいしかった

しょうじょう寺ならぬ中島保育所でのたぬきのお月見

## ■ 2.2 キャンパスネットワーク菜園のはじまり

　2006（平成18）年，「北九州市立大学」への引越しに伴い，旧中島保育所園庭でのコラボラ菜園活動は「コラボラキャンパスネットワーク菜園」として再出発した。プランター4個からの出発だった。

　みんな通りすがりの学生ばかりだったが，複数回協力の学生も多く，顔なじみとなり，重そうなもの，大きいものをみると積極的に手を貸してくれるようになった。

　これが，大学というところなんだと，グランマグループとしてはとても嬉しく感じた。大学生との交流を喜んだのは，幼児組も負けてはいなかった。子どもたちの声が弾んだ。

＊菜園が拡大した。構内に放置状態で点在していた大型プランターの利用を大学に申し入れ，了解を得てゴミを取り除き，砂利を日干しし，4号館脇に集め，新たな野菜プランターとしての再生に成功。学生組の参加でさらに多くの若い力が提供された。大変な作業だったが，そんな中にも交流は弾み，老いは若さをもらい，若きはスコップの使い方や紐の結び方を習った。参加者の笑顔がはじけた。

　「女性の会」の近所の「グランパ」さんも，たまたま居合わせた「幼い人」と力を合わせて水やりに興じとても楽しそうだった。

　自分で種を蒔いたり，水をやったり，あるいはコンテナを運んでくれたり，土を抱えてくれたり，なにかしら関わったものは，その行く末も気になるようだった。自分がなにかしら関わった野菜は愛おしく，美味しい気がする。「野菜が食べられるようになった」という大学生。野菜が苦手なのは，子どもたちだけではなく，大学生もそうなんだ！

＊同年秋，さらに菜園は拡大した。コラボラ会議での協議の結果，本館テラスに，フラワーポット

なんて凄い！　1年目にして100人を超える学生とコラボができた

芽が出たよ

第 2 部　参加団体の想い

老いと

若きと

多世代交流

4 号館前に紫陽花植え

付きベンチで，憩いの広場を造った。成果を目の当たりにして，大学での活動にますます張り合いが出た。これも大変な作業だったが，世代の違う者同士がそれぞれの知恵や力を出し合えば，大変なことでもできることがわかった。

＊2 年が経ち，菜園はさらにさらに拡大した。
　紫陽祭（大学祭）に備えて，学園祭実行委員とともに，紫陽花の植え込みをした。紫陽花の植え込みをきっかけに，4 号館前の地植えが可能になった。そして，ピカピカのリヤカー！　大きな土桶！　それらの大きな道具のための倉庫まで！　急展開で，菜園活動は充実感を増し，幼児から大学生，高齢者まで，多世代交流の波が拡がっていった。

「季節の野菜に加え，季節の花も植えました。近々，大学祭もあるそうで，そういう季節感や旬を大事にする心をコラボしたいと思います。」（作業を共にした学生さんの感想）

　季節ごとの恵みを与えてくれた菜園活動。4 号館の野菜，本館 2 階テラスの花のプランターの数がだんだん増えていき，現在は 9 個にまでなった。課題だった水遣りも，ネットワーク間の協力体制が整って，ローテーションが組めるようになった。

第4章 高齢社会をよくする北九州女性の会

種まきや苗植えに，子どもたちは興味津々，我先にとジョウロを持って水遣りをした。
　学生さんとも協力し合って土作りから始めたきゅうりや大根などの野菜たち。ハロハロカフェやミニプレでふるまわれ，乳幼児親子や大学生に大好評。採れたての野菜は甘さと香りがあり，「大根葉の調理方法を聞いて家でもやってみた」「子どもが野菜を食べるようになった」「菜園には興味があったが，家でもやってみようと思う」などの感想が寄せられている。

ピッカピカのリヤカーと

大きな土桶が大活躍！

土づくり

水やりもよろしくね

お兄ちゃんお姉ちゃんたちと一緒だヨー

作業を終えて　みんないい汗かきました

第 2 部　参加団体の想い

朝顔の苗植え

早く芽が出るといいネ

学生さんが手を貸して支柱を立ててくれました

朝顔のつるがどんどん伸びて花が咲いたよ

作業後の茶話会も　また楽し

*青嵐門にスタードーム
　緑のドーム目指して，フィールドワーク研究会（野研）とコラボした。

きゅうり？　かぼちゃ？

ゴーヤに

瓢箪も

野研の皆さんと楽しくコラボ

竹の骨組に野菜のつるがまきついて見事な緑のドームができました（ドームは竹川ゼミの製作）

*2013（平成25）年　コラボラ菜園 8 年目〔春〕
　菜園はまたも大きく飛躍した。活動者（菜園担当）の思いつきとそれに基づく要望が大学に受け入れられ，青嵐門脇に，な！なんと！　畑のための土地（荒れ地）が利用可能になった。まず，人の背丈程のセイタカアワダチソウを抜き取り，枯れた芝生を剝がし，グランマたちが持ち寄った畑

第4章　高齢社会をよくする北九州女性の会

ためしに市花のひまわりを植えてみたら大きく成長（3mを越すほどに）

土作りから始めた野菜畑　　　　　　　　　　えんどう豆もしっかり実ったヨ

の土やミミズ入りの土，新しい野菜用の土やもみ殻，燻炭などなどを入れ，荒れた砂土は立派な畑土となっていった。大変な作業だったが，夢や希望や楽しさが見えた。

　最初に，ひまわりの種を蒔いた。すくすくと育った。どんどん成長したひまわりは，ついに子どもたちの背丈をはるかに超え，最高3m10㎝に。冬まで咲き続けた。スゴイ！

＊新しい行事「ハロウィン」
　コラボラ菜園のグランマは魔女と化し，ハロウィンのプレゼント作りという新たな生きがいを得た。フタを開けた時の子ども達の喜ぶ顔を思い浮かべ，思わず笑顔に！

　　　　　ハロウィングランマ手作りプレゼント

お菓子の箱のようにキレイに並んだ　　どんぐりのかわいいマスコット　　ハロウィン仮装もきまってますネ！
紙風船

067

第 2 部　参加団体の想い

＊そうして，2015（平成 27）年，コラボラ菜園 10 年目〔夏〕
　夏野菜収穫祭と「そうめん流し」とのコラボ。たくさんの花が咲いて実になった。
　虫を見ても悲鳴を上げない子どもたち…。悲鳴を聞きたかった菜園魔女たちは，嬉しくも少々がっかり！

アゲハの幼虫

かたつむり登場

"コラボラ"トンボ

コラボラ菜園，虫博士 M くん（小学 1 年生）の名言
「ひまわりを食べる虫はステキな虫，だってひまわりグルメだよ」
以来菜園魔女たちは，この虫たちに食べ放題を許している。

＊ふたたび巡ってきた〔春〕
　小さかった子どもたちは園児や小学生へと，大学生は社会人へと育っていった。みんなで世話を

きゅうりの花の黄色と

クリーム色のオクラの花

茄子の花は紫色

毎年人気のフルーツトマト

大喜びで収穫中

第 4 章　高齢社会をよくする北九州女性の会

しながら，花や野菜が育つ姿を見た。たくさん虫も来た，虫に食べられ穴あきになっても頑張って生きている野菜や花の姿を見た。そんな野菜を食べた。そんな花を小さな花束にして家に飾った。コラボラ菜園で体験したこと，出会ったことを，グランマも，若い親子も，家や友達と話した。こうしてまた，コラボラキャンパスネットワークも菜園も大きくなる。

コラボラ菜園の秘密の合言葉「良い串カツは二度づけ厳禁」？
あくまでも秘密の合言葉である。なぜヒミツなのか…？　興味と関心のある方，
なぞ解きしたい方は，コラボラで菜園活動をご一緒しませんか？

学生さんとコラボした見守り託児も楽しい思い出
（ハロハロカフェにて）

卒業おめでとう！　新しい人生の出発だ

## 3　観月会

　今や廃れつつある秋の風物詩の一つとしての「お月見」。日本の伝統的文化を幼い人たちにも味わってほしいと願い，毎年趣向を変えて開催。

2006（平成 18）年 10 月 6 日（金）

　初めての観月会。絶好のお月見日和。まん丸のきれいなお月様が校舎の間から顔をだすと「おおお～」と歓声が上がった。秋の収穫に感謝するという意味で，お団子や秋の野草を飾り，みたらし・きなこ団子，ゆで里芋，ふかし芋の入ったお月見団子セットを用意した。手作りの良さが伝わるやさしいおふくろの味が大好評だった。子どもたちの歌やリコーダー演奏，失敗も混じった大道芸愛好会の好演技，地域の方の盆踊りなどなどで大いに盛り上がった。

2007（平成 19）年 10 月 26 日（金）

　「ひまわり」のメンバーにも声をかけ，販売用のお団子セットを若い人たちと一緒に作った。夕方から始まったお月見は，悪天候のため室内での開催となったが，学生グループによる大

## 第2部　参加団体の想い

道芸,「ハロハロカフェ」スタッフの読み語り,テルミンの演奏などで賑やかに展開した。

その後,雨が上がり,雲の切れ間から束の間,月が現れ大騒ぎ。こんなに月を待ち遠しく思ったこともないような気がした。月を仰いで,収穫した食べ物のいのちに感謝しつつ味わい,かつ「身土不二」を知るお月見という古くからのしきたりを通して,私たち日本人が大切にしてきた文化にふれ,人との交わりに喜びを感じた観月会だった。

「本やインターネットで調理方法は調べられるけれど,グランマさんたちと一緒に準備作業をすることで,食材に手間ひまかけなくてもおいしくいただけることを教えられた」「手際をほめて貰って嬉しかった」「子どもと一緒に調理でき,楽しかった」「調理の合間に,五目御飯やお吸い物など活動者のための昼食を手早く作られていて驚いた」「持ち寄ってくださった手作りのお惣菜がとてもおいしかった」など,参加者の感想が沢山寄せられた。

### 2014（平成26）年10月10日（金）

子育て中のお母さん方にも夕方の参加がしやすいようにと,「女性の会」で"野菜たっぷり厚揚げ入り特製カレー"と"季節の味覚（お芋・栗・南瓜）セット"の夕食（200円）を用意。

共同作業で会場作り

観月会名物のスタードームは10年来のお付き合い。フィールドワーク研究会（野研）の皆さんありがとう！

お月様にお供えする秋の草花も準備できましたヨ

学生さんと一緒にお月見団子づくり

第 4 章　高齢社会をよくする北九州女性の会

スタードームの組み立ては仲間と
いっしょに

手作りの秋の味覚セットは大好評

お月様見えるかな？

うさぎさん　たぬきさんも楽しくダンス

東北の皆さんにおもいを寄せて歌う「ふるさと」

家族連れでの参加者も多く行列ができて，あっという間に完売した。

　残念ながら曇天で月は見られなかったが，乳幼児親子や学生さんたちによるオール参加型プログラムで楽しい時間を過ごすことができた。スタードームの明かりの下，様々な人が出会い，つながり，力をあわせて作り上げる観月会は，自然の恵みに感謝し，日本古来のあたたかな文化に包まれ，平和の中でみんなが集える幸せを実感するひとときとなった。

## 2016（平成 28）年 10 月 14 日（金）

　今年のハイライトは，邦楽の伝承と普及を目的に活動している邦楽アンサンブル"奏"の演奏家の方々による琴と尺八の合奏。古典的な曲のほかに，子どもたちにも親しみやすい「きらきら星」を演奏してくださり曲に合わせてみんなで大きな声で歌い，日本語と英語での合唱になった。中盤

2011 年のチラシ

第 2 部　参加団体の想い

での北九大の学生さんによる小倉祇園太鼓同好会の演奏もまた，参加者の度肝を抜く勇壮なものであった。

　北方キャンパスだけでなく，ひびきのキャンパスに留学している学生さんたちとの交流の場としても，初めてのことで大いに有意義であったと感謝された。北九大に留学している 6 ヶ国からの学生さんたちにとっては，学外の多様な人との交流は得難い経験となったようである。

　近藤倫明学長直伝の 5 円玉による月面鑑賞は，周囲にいた人たちの間に驚きの小さなどよめきを生んだ。今年の月は特別に美しく，基盤教育センターの中尾泰士先生が毎年用意してくださる天体望遠鏡で月面を眺めたい子どもたちの列が途切れる間がない程の盛況であった。

　開始から 2 時間余り，来年もまた明月に出逢えることを希いながら，それぞれ帰路についた。

諸外国からの留学生も楽しそう
お味はいかがでしたか？

琴と尺八のコラボにうっとり

## 4　新年のつどい

2011（平成 23）年 1 月 19 日（水）

　日本の伝統的なお正月の味や遊びを伝えたいと，新しい年の初めの"ハロハロカフェ"の日に実施。お餅つきや，凧揚げ，羽根つきなどを楽しんだ。

　秋にみんなで植えたコラボラ菜園の大根や青菜を収穫し，グランマさんに作り方を聞きながら採れたて野菜でサラダや豚汁，じゃが芋のお焼きなどを調理。つきたてのお餅もあっという間に完食した。芝生広場では凧揚げする子どもたちが学生さんたちと大喜びで走り回る姿を，ママたちは寒さを忘れて見守っていた。凧揚げや羽根つきは初体験の人が多く，文化の伝承の機会になった。

参加者の感想

（親子で参加）

- 豚汁，サラダ，おやき，とてもおいしかった。子どもたちも大喜びでした（おかわりも…）。
- 豚汁 2 杯食べました。おいしかったです。おやき，家でも作ってみます。

第4章　高齢社会をよくする北九州女性の会

- 「家庭の味」を体験できてよかったです。また来年もぜひ！
- 初参加でしたが，とてもにぎやかで，しかも美味しい食べ物まで‼　びっくりしました。
- いろいろな方とお話しできて楽しかったです。お餅もおいしかったです。
- 凧揚げと紙風船が楽しかったです。
- 凧揚げは，2歳の子でも上手くあがり，びっくりしました。ずっと走り廻っていました。
- 久しぶりに参加させてもらいました。お餅を食べたり，普段，家ではしないお正月遊びができて，息子も大喜びでした。寒い時期は，なかなか外遊びをしないのですが，戸外に皆と出ると寒さを忘れるようです。
- スタッフの皆様や参加されている方が皆笑顔で，とても居心地の良い一日でした。ありがとうございました。

（学生さん）

- 初めて「コラボラ新年の集い」に参加させていただいた。ドアの前に並べてある靴の多さに驚き，さらに部屋の中に入ると，たくさんのお母さんと子どもたち，そして世話してくださる多勢の方がいらっしゃった。最初に，2歳くらいの男の子と遊び，その男の子のお母さんとも，少しだけですが，お話ができた。部屋の中には，笑顔がいっぱいで，見ていてとても幸せな気分になった。
- 野菜を切るお手伝いをさせてもらい，大人の方とたくさんお話をしたり聞いたりできて，とても楽しかったです。用意された野菜は4号館の前で育てたものだと聞いてびっくりしました。とても甘くておいしかったです。最後には，4号館の前に植えている野菜をたくさんもらって帰り，我が家の夕食でおいしくいただきました。おみやげ用に分けていただいたスイセンもまだきれいに咲いています。ありがとうございました。
- 「コラボラ新年の集い」に参加できてとてもよかったです。また，想像以上のお母さん方や子どもたちの数に少し驚きました。こんなにも育児支援を必要としている人がいるのだなと実感しました。実際にお母さん方や子どもたちとたくさんふれあうことができたので，とてもいい経験になりました。みなさんとてもいきいきしていらっしゃったので私もとても楽しかったです。たくさんのお母さんたちが楽しそうにお話しをしている姿や，0歳から3，4歳ぐらいの幅広い年齢の子どもたちが，のびのび遊んでいる姿を見て，とてもいい場所だなと思いました。「コラボラ」さんの存在の大きさを感じるひとときでした。とても楽しかったです。ありがとうございました。
- 「コラボラ新年の集い」に参加し，コラボラ菜園でできた野菜を運んだり，ジャガイモで「お焼き」というものを作ったりしました。小さい子どもとのふれあいや，年配の方の話はとても参考になりました。小さい子どもに，できた「お焼き」をあげた時のか

新年のつどいへのお誘い（手作りポスター）

073

第 2 部　参加団体の想い

わあ〜　大きな大根 !!

つきたてのおもちは　あったか　やわらか

わいい顔は自分にとっても励みになりました。また，子どもを抱っこした時の軽さや，子どもが示す安心した感じでは自分が信頼されていると思いました。自分も将来子どもを授かったときに今日やってきたことを実践して子どもとのふれあいを大切にしていけたらと思います。

- 「コラボラ新年の集い」に参加して，まず子どもの多さに驚きました。小さいけれど年齢さまざまな子どもたちがいて，親御さんたちもいて，わいわいしていて良い雰囲気でいいなと思いました。お餅をもらいましたが，とても美味しかったです。子どもと遊ばせてもらいましたが，元気いっぱいで，久しぶりに私も元気に一緒に走り回りました。コラボラ新年の集いに参加して，とても楽しかったので，また参加したいと思います。
- 私は参加は 2 回目でしたが，雰囲気がよく，とてもほのぼのしていて，初めてミニプレイパーク

お野菜たっぷりのお汁はいいにおい

採れたて野菜のサラダ　おいしそう！

を訪れたお母さん，お父さんも過ごしやすいのではないでしょうか。正直，私たち大学生でも馴染めるのかという不安がありましたが，スタッフの皆さんは気さくな方が多くて安心しました。これからもちょくちょく顔を出して参加させていただければと思います。

- 「コラボラ新年の集い」は，私にとっては 2 回目の「コラボラ」さんとの関わりでした。当日は，予想以上に多くのお母さん方や，「情報ゼミ」以外の学生さんも参加されていて，とても活気があったように思いました。また，多くの子どもたちとふれあうことができ，一緒にお餅を食べたり，凧を揚げたりしました。「新年の集い」に参加していた子どもたちの人数が多く，おもちゃの取り合いになってしまう場面もありましたが，順番を守ることやお互いに譲りあうということ

第4章 高齢社会をよくする北九州女性の会

など，集団でしか学べないことを理解できるようになる子が1人でも増えていけばよいと感じました。また，私も子どもたちの成長のお手伝いを心がけ，ベストな対応ができるよう考えて行動していきたいと思いました。

- 今回初めて「コラボラ新年の集い」に参加させていただき，今までお話したことがなかった方ともふれあえて，とても楽しい時間を過ごすことができました。豚汁や野菜サラダの作り方についての豆知識も教えていただき，大変貴重な経験となりました。凧揚げも今までしたことがなかったので，子どもたちと一緒にどきどきしながら楽しむことができました。今回はたくさんの子どもたちやお母さん方と触れ合う機会が持てて，本当に楽しかったです。

- 今回の「コラボラ新年の集い」で「コラボラ」の方が作った豚汁やお餅をごちそうになったり，料理の手伝いをさせてもらいながらお話をさせてもらったりすることで，久々の「コラボラ」のみなさんとの顔合わせだったのですが，特に緊張することもなく，とても楽しい時間を過ごすことができました。また「新年の集い」に多くの子ども達が来ていたのでつい自分も時間を忘れて遊んでいました。とても楽しい「新年の集い」でした。ありがとうございました。

「福笑い」もうすぐ完成です

## 2014（平成26）年1月15日（水）

「新年の集い」も9年目。素晴らしく充実した，楽しい会となった。

なにより朝のスタート，準備がスムーズだった。グランマ9人＆学生12人，10時にきっかり集合できた。学生は事前に役割分担を決めて，当日はそれぞれの役割にリーダーを置き，準備万端。グランマとの連絡もスムーズで，おばあちゃんたちも負けてはいられない。楽しく張りきった。午後からは空も晴れ，外遊びも楽しくできた。心配した事故もなく，学生の見守り隊が心強かった。

学生のコラボラ活動紹介パネルセッションが午前・午後の2回とも，予定時間通りにでき

紙ふうせんは，そっと息をふいて

ハイ！　とりました

た。パネルは文字も大きく，若々しく，楽しい雰囲気で説明も分かりやすかった。

乳幼児親子の参加も多く，この日もグランマ世代は若さをいっぱいもらった。

学生さんによる「コラボラ活動」紹介
わかりやすかったよ

どんな音がするのかな？

### 2017（平成29）年1月18日（水）

　日本の伝統的なお正月の雰囲気を伝えたいと，新年初めの"ハロハロカフェ"の日に合わせて実施。良い天気に恵まれ野菜を収穫，グランマ手作りの採りたて野菜を使ってのお餅入りスープを皆で味わった。身体と気持ちがほっこり温まったところで凧揚げ，羽根つきなどの遊びも楽しんだ。

　何気ない会話の中で，いろいろな料理の作り方のコツが自然と伝わり，日本の伝統的な食文化を伝える機会となっている。今年の特別行事は，新年にふさわしい厳かな琴と尺八の合奏。「春の海」「千鳥」の調べに聴き入り，子どもたちも実際に琴に触って大喜びだった。

　「普段，野菜をあまり食べないのに，今日は野菜たっぷりのお汁を喜んで食べていました。これからは野菜好きになるのではと思います。とても楽しい集いでした」などの声が聞かれた。

## 5　おわりに

　高齢社会をよくする北九州女性の会が誕生して32年，グランマ活動が始まって22年，その延長線上でコラボラキャンパスネットワークの活動が生まれて10年。世代を超えた関わり合いが，一人ひとりの子育ての知恵として積み重なり，次世代にもいい影響をあたえるような「循環」が生まれつつあることが，こうして記録をまとめてみるとあらためて実感される。

　高度デジタル化が飛躍的に進む近未来に向けて，生身の人間同士だからこその触れ合いが感じられる機会を意識的に作り出すことが重要である。子どもたちの人間としての豊かな成長がはかられるように関わり続ける組織としての重要性を痛感し，こうした活動がさらに拡がっていくことを強く念願して第2部第4章のペンを擱く。

第5章

# NPO 法人 GGP ジェンダー・地球市民企画

## 1 ファシリテーター入門講座を学内で開催する意味

　NPO 法人 GGP ジェンダー・地球市民企画（以下，GGP）は，2006（平成 18）年のコラボラキャンパスネットワークスタート時ではなく，2009（平成 21）年から正式加入した。そして，2010（平成 22）年より，GGP の「人権と地域づくりに関する参加型の学びの場を創造する」というミッションの中核的な事業，「ファシリテーター講座」をユース向けに継続開催していくことになった。これは，北九州市地域福祉振興基金の助成を受けており，2016（平成 28）年11 月現在でも，すでに，7 年目の開催が決まっている。どうして，大学構内で，学生向けのファシリテーター講座を実施するのか？　それは，社会環境の変化，学生自身の課題，地域づくりへの関心の高まりなど，多様な誘因がある。

### 1.1　講座のねらい

　本講座の企画書で整理したのは，主に以下の 2 点である。

その 1：対話力をつける

　『IT 環境の急速な進化により，コミュニケーションの機会は増えているようにみえますが，実際は有用無用を問わない情報量ばかりが増え，自身の思惟を明らかにし，深める場は増えているとは言えません。今後迎える超高齢社会や多文化共生の多様な立場，価値観の中で，複雑な課題を解決するために，オンラインではない直接のコミュニケーションや，人と人との出会い・支えあいがあらためて重要視されています。ネット上での言説ではなく，生の対話の中で，自分なりの意見を発しながら，実際の行動に反映し，それをさらに対話の中で共有しながら，自らの意見や価値観を育む時間や空間が必要とされているのです』。

第 2 部　参加団体の想い

その２：ファシリテーション・スキルを育む
　『安心できる対話の場をデザインするファシリテーション・スキルを養成することは，これからの社会を担う若い世代にとって，サークル運営や共同プロジェクト実施など，学内でも，企業においても，地域活動でも様々な現場で役立ちます。しかし，一方でファシリテーション・スキルを養成する機会，特にユース対象のものは，数多いとはいえません。そこで，北九州市立大学を会場とし，一般社会人も含んだ「ユースのためのファシリテーター入門講座」を企画します』。
　こうした目的に共感していただき，通常は，継続的な助成は難しい上記基金からの助成を得られているのだと思われる。

　本講座内容は，毎週１回，学内において，水曜午後の授業がない時間帯に開催される。毎年，平均 16 名の参加を得て（うち，3 分の 1 程度が社会人），外部講師と当 NPO 理事がファシリテーターを務め，第 1〜4 回は，ファシリテーションの基礎理論を学び，数種のワークショップ体験とそのふりかえりを体験していく。その上で，第 5・6 回には，希望する参加者自身が，小さなワークショップをデザインし，自身がファシリテーターを務め，他メンバーからフィードバックを受ける，という構成にしている。
　ここで，用語を確認しておこう。
　■ファシリテーションとは？
　　講義など一方的な知識伝達ではなく，参加者が自ら参加・体験し，グループの相互作用の中で学び，創造する場である「ワークショップ」を進行する技術。
　■ファシリテーター
　　ワークショップの進行役，引き出し役。
　まだ，なじみが少ない言葉ではあるが，参加者は体感していく中で，自然にこうした用語を使うようになり，さらに関心が増していく。

第 5 章　NPO 法人 GGP ジェンダー・地球市民企画

## ■ 1.2　広報と参加の呼びかけ

　チラシには，こんな呼びかけ文を掲載している。

> 「すぐ使える！　場づくりの技術‼　サークル・団体運営・チームのプロジェクト運営など様々な集団活動に活かせます！　ファシリテーションを知って，たくさんの人との出会いを楽しみ，よく聴き，「ひとりではできない」グループプロセスを観つめ，チームの中で育っていくチカラをつけましょう！」

　大学生の時期こそ，思い切り，グループ活動が実践できる時期である。通常の講義を通した学び以外に，こうしたグループ活動を通した学びや，それを円滑にするスキルには，意欲が高まるはずである。
　また，推薦してくださる，学内の先生の言葉も有効である。

> 「これから持っていると，とっても有用なスキルです。職場，市民活動など様々な場面で活かせます。みんなの知恵や思いを引き出し，寄せ合い，形にしていく，広い学びの支援・促進技術です。オススメ太鼓判です！」（文学部　人間関係学科　恒吉紀寿先生）
>
> 「おぉ！　この価格でこの内容。絶対おすすめです。対話力こそ世界を変え，自分を変える根本の人間力の一つです。体験してみてはいかが。」（基盤教育センター・地域創生学群兼任　中島俊介先生（当時））

　NPO の呼びかけだけでは，なかなか浸透しないところを，学生がよく知っている先生方に一言添えていただくことで，安心感と，参加の後押しにつながると思われる。また，GGP 主催で，コラボラキャンパスネットワーク共催事業なので，北九州市の市政だよりに掲載してい

079

第2部　参加団体の想い

ただき，市民へ広く周知を図れることも，とてもありがたいことである。大学のホームページに掲載され，その情報を自らのゼミ内のメーリングリストに発信し，そこから，参加につながった学生もいた。

## 2 講座への参加を通した学生の変化

### ■ 2.1　参加者の問題意識

　初回は，「なぜ，今，ファシリテーションが必要とされるのか？」をいくつかのNPOの活動を例にとり，その有用性にふれながら伝えるようにしている。人と人との関係性が希薄になってきており，人権の面でも，様々な疎外状況がある，という現状の中で，社会的課題を意識する人がつながりあって，課題解決につながる行動がはじまる，という話にふれる。市内にある280ほどのNPO法人や様々なボランティア団体，また企業など，グループ・組織のマネジメントをする上で，よりよく会議をすすめたり，思いを形にしていくプロセスで，異なった価値観をもつメンバー間でファシリテーションが力を発揮することを伝える。

　そして，ワークショップのルールである次の4点を確認する。

・「正解」があるわけではないので，安心して発言してほしい
・「正解」は1つではなく異なる意見も重要。したがって，意見が違っても「批判はしない」
・せっかく6回連続で集まるので，積極的な参加意識で
・しかし，体調の悪いときは，「パス」もOK！

　その上で，自己紹介カードの作成の時に「関心のある社会問題」と，「これまで参加したことのあるワークショップ」を書いていただく。

| 関心のある社会問題（ある年度の参加者の記述をまとめたもの） |
|---|
| エネルギー問題<br>・原発問題・設計，および制御，信頼性<br>・新エネルギー開発，Ex：太陽光発電　地熱発電 |
| 子育て・社会保障<br>・年金問題。わたしたちの時って年金もらえるの？<br>・子育て‼　虐待とかも<br>・乳幼児親子が活き活き暮らせる地域づくり…虐待問題，子どもの育ち，育つ環境，親育ち，ライフワークバランス　Etc.<br>・子どもの数が少ないこと　生みにくい世の中なのか　育てにくい世の中なのか |

・孤立した育児や虐待のニュースなどが気になります。

地域間格差・過疎
・山村の高齢化──おばあちゃんの家があぶない！
・シャッター商店街が増えていること
・集まる場所　近所づきあいの少なさ　　　・格差（地域間）

ライフスタイル，メディア
・スマートフォン等メディアの進化
・メディアについて。私が小さい頃には，あまり普及していなかったパソコン，ゲームは今の小さい子にも簡単に扱えるようになったので将来の影響が気になる。
・すぐに物を捨ててしまうこと→フェアトレードやロハスな生き方に興味があります。あと，農業も！　人と人とのきずなが薄くなっていること

その他
・水（特に川）に関する問題・課題
・東アジアの情勢
・消費税が10％になる？

また，参加者のこれまでのワークショップ経験は，
・大学時代，講義内での経験
・コミュニケーションワークショップ
・商店街の活性化についてのワークショップ
・ファシリテーション・グラフィック（ファシリテーションを行う時，「何について（議論の対象），どのように（議論の構造）話しているか」参加者の認識を一致させるために，発言を記録・図式化したもののこと）
・ESD ユースチーム，JICA のイベント，内閣府の青年育成交流事業での国際会議の場でのワークショップ
・地域創生学群の実習
・地域リーダー養成セミナー
・演劇に関するワークショップ
・身体を使って音を表現するワークショップ
・いい川づくりワークショップ，世界子ども水フォーラム　アジア・太平洋子ども水交流会
・リーダーを育てようというテーマのワークショップ（高校生の時）
・インターン先での職員研修
・学内の生涯教育，生涯スポーツ実習（GGP のワークショップ，里山を守る会の身体遊び）
など多様である。ただし，それは参加側の体験であって，自らがテーマにそって，時間をデザ

第 2 部　参加団体の想い

インし，場づくりをすすめた経験は少ないようだった。また，「ほとんどない」という回答も
あり，個人によって，ワークショップの経験はばらつきがあると思われた。

## ■ 2.2　参加者がこの講座でつけたいと思っている力

初回のアンケートでは，以下のようなスキルを身につけたいと考えているようである。

- グループワーク，批判をしない意見のやりとり
- 全員が楽しめる雰囲気づくりの力
- 参加者が自分の発言に自信を持てるような声かけ
- ミーティング，ゼミ，サークル，発言をうながす力，話し合いの場の流れを作れる力
- 自分の所属している団体（ESD ユースチーム）ファシリテーション能力？人をうまくま
  とめる力
- PTA・部活保護者会，子どものトラブル解決，収束させる力
- 自分が任されているプロジェクトの会議で生かしたい
- 皆の意見を引き出して，1 つの結論に導く力
- 実習で，フォーラムで考えていることをうまく伝える場づくり
- 就職活動のグループディスカッションなどで活かしたい
- 自分の考えを伝える力を身につけたい
- 家族…冷静に話し合いたい
- 内定をもらっている会社で今，取り組んでいるプロジェクト，また入社後，周りを巻き込
  む力，活発な議論をまわせる力
- 実習や将来就職してから進行力，まとめる力，場を作り出す力
- ゼミなど話し合いの場。社会に出てからの会議など，密度の濃い話し合いをするにあたっ
  てそれを促進できる力
- 自分が行っている実習やゼミでリーダーをさせていただいているのでミーティング時やコ
  ミュニケーションをとる時に活かしたい
- 場を見て人に気を配る力
- 適切な時に適切なことを言う力
- 小学生のあつまるところ，多世代があつまるところで対話の中で整理する力　理解力
- 海千山千のスタッフ会議
- 進行役よりも参加者が中心になって運営・進行していくようなミーティングをつくる力！
- 気くばり，心づかい，人の話をしっかり聞く！という力を強くしたいです。
- 対話の場づくりの力
- 人の話をきいてまとめられるような力
- 人をリラックスさせ，意見を引き出す力
- 要点を見抜く力 → しゃべることはできるけど，人の意見などをうまくまとめることが苦

手だから

・人から本音を引き出せるようになりたい！
・一緒に参加した人に良かったと思えるような話し合いの場をつくれる力
・心を開いて話をしてくれるチカラ

表現は様々だが，どんな場でも，グループでも，「安心して意見をだしあい，それを収斂させていく時の進行」は課題のようである。

## 3 参加者がデザインしたワークショップ

これまでの4年間の実践で，参加者がデザインしてくれたワークショップの内容を（再現することはかなわないが）いくつか紹介してみよう。第1〜4回の様々な演習を経て，第5・6回

| テーマ | 手法および内容 | 参加者の様子 |
|---|---|---|
| 「自分のうつに気づく」 | ・「うつ」とはなにかを正しく知る。抑うつ傾向についてのチェックリスト。<br>・うつ傾向に気づいたときのサポートの方法を考える。 | 身近にうつ傾向の人がいることは多い。出典を明らかにしたチェックリストでわかりやすく理解・啓発が進んだ。 |
| 「子どもとケータイ」 | ・子どものケータイ使用についてのデータをクイズにして，皆で考える。<br>・ケータイ依存にならないために何ができるかをKJ法で整理する。 | クイズ形式なので，自然と関心が高まる。楽しい雰囲気の中でホワイトボードに意見を整理していった。 |
| 「この街に水族館をつくろう！」 | ・故郷の街には，水族館がないので，参加者にブレーンストーミングで「水族館にあったらよいもの」についてたくさん出してもらう。<br>・「恋人同士で，水族館を楽しむとしたら」その中のどれが設備されていたらいいか，絞っていく。 | まず一般的に水族館にあったらいいもの，を出してもらって，その後，特別な条件（恋人同士でいくとしたら……）という条件下で，絞っていった。参加者は楽しくイメージをふくらませていき，たくさんのアイデアが出た。 |
| 「祝島のこと」 | ・エネルギー問題にゆれる山口県祝島について，島の風景を画像でみる。<br>・原発建設についての，多様な立場の意見を（台詞カードを読みながら）ロールプレイで体験する。<br>・様々な異なる意見を知ったあと，自分はどう考えるかを話し合う。 | 祝島の問題を知らない人も多く，貴重な情報だった。一つの立場にかたよることなく，多様な視点を提示しつつ，個々のとらえ方を意識していくことになった。 |

第 2 部　参加団体の想い

に，どれも，30〜40分のミニワークとして，学生が準備した内容である。

　大学生が準備してくれたワークショップに参加すると，その発想の豊かさに驚くことも多い。授業の合間をぬっての忙しい時間で，NPOが用意した機会を意欲的に活かしてくれる姿勢がうれしい。もちろん全てがユニークなテーマではないし，時間の関係で希望する全員ができるわけではない。しかし，一人ひとりが，ファシリテーションする機会を持つことで，構成の仕方や，すすめるスキルなど，具体的に気づくことも多いようである。ドキドキするけれども，「やってみて初めてわかる」ことも多い。講座中，こちらから，繰り返し投げかける「とにかく，場数を重ねること！」という言葉も，背中を後押しすることになっているようである。

## 4　参加者が学んだこと

　それでは，最終回のアンケートで，「この講座で学んだこと・これからしていきたいこと」について，社会人も含めたふりかえりを挙げてみよう。

> 笑顔でつながろう
> ・毎日笑顔！→まわりの人もハッピーになれるくらい！
> ・人とのつながりを大切にする。→あいさつなどから！
> ・この講座をきっかけにいろいろな人と出会えて学ぶことが多かった。日常生活の中でもいろいろな出会いを求めて，アクティブに過ごしていきたい。周りからの刺激で自分を成長させたい！
> ・バイト，接客がんばろう！
>
> 聴く人になる
> ・全員の意見を聞く→話せる人だけで終わらせたくない。静かな人にも考えや意見があるはず！

第 5 章　NPO 法人 GGP ジェンダー・地球市民企画

・人の意見を聴き，自分の考えを深める。
・人の話を「無」になって聴く！
・相手の言ったことをアタマの中に入れる！　きく！

前向きに・積極的に！
・実践あるのみ
・ないもの探しではなくあるもの探し！
・積極的に発言。
・チャンスを逃さない
・子育て支援だけでなく，いろんなシーンでファシリテーションを考え，使っていきたい。
・講座の中で学んだ"のぞましいリーダー"に近づけるように，実習メンバー（後輩など）のことも考え，自分がどう動くべきなのかを考えていく。
・大きな声を出す！　話し合いでいきづまっても笑顔！

観る
・話し合いの場に参加するとき，全体の雰囲気（空気）にも意識を回す。
・人と話すとき（特に複数人）の笑顔！
・発散できる環境について考える。→表現，発達，現代社会の勉強
・ファシリテーターの考えが先行しやすい自分に気づいた。

　6 週を通じて，双方向の積極的なコミュニケーションが交わされた時間だった。誰もが互いの学びのサポートをしていた。新しい手法を知り，工夫をすれば多彩な協働体験の場がつくれることを実感できる時間になったと思う。

085

第 2 部　参加団体の想い

## 5　主催である GGP が学んだこと

　毎年，10～11 月にかけて開催されるこの「ファシリテーション・ファクトリー」を，主催であるGGP もとてもやりがいを感じ，楽しみにしている。

　どうしてだろうか？　それは，おそらく，学生と共に創りだすこのワークショップが「未来」に満ちているからだと思う。適度に社会人が混じっているので，実際の事例を聞くことも多く，理論だけ，机上だけ，の話に終わらない。多世代にまたがっていることは，視点が豊かになり，互いの関心と尊重をひきだしている。そして何よりも，これから社会を担っていく学生たちへ，社会人参加者も含め，主催である私たちが，「しっかり力をつけてほしい」と祈りにも似たものを感じているからだろう。その上で，現在ひしひしと感じることがある。

- ・学生に関わる NPO として，もっと専門性をあげていきたい。GGP としての強みを伸ばして，参加型の学びの分野で，最新のものを準備し，学生に活用してもらいたい。
- ・組織・グループの成長のために，ファシリテーション・スキルが有効に使えるツールであることは実感している。GGP の地域づくりの実践についても，適宜，学生に伝え，もし，可能であれば，より関わってもらえるようなしかけや循環をつくっていきたい。
- ・また，学生の多くが，ボランティアや実習で参加している地域の現場では，必要とされてはいるが，まだまだ社会人の側がファシリテーションを活用できていない。社会人や地域の側でもこうした「体験―ふりかえり」の学びを基盤とするファシリテーションにもっと理解を深めなければならない。そのために，GGP が地域で果たす役割は少なくない。

　近年，学生・若者のボランティア活動を通した社会参加により，「正統的周辺参加」の重要性が指摘されることが多い。「正統的周辺参加」とは，「ある実践共同体のなかで活動に直接かかわっていくなかで，新参者が実践の文化を学び，徐々に実践のより中心的側面にかかわるようになり，十全的参加へと移行していくプロセス」とされる。こうした学生の多様な地域活動の機会を豊富に創造していくと共に，体験を通して，自ら学び，参加の質を高めていけるような力量をつけることに，学内でのこうした講座が貢献できるとしたら，とても喜びを感じる。

参考文献：『ボランティア活動をデザインする』田中雅文・廣瀬隆人編著，2013，学文社

第**6**章
# NPO 法人スキルアップサービス

## 1 コラボラに参加する意義

　NPO 法人スキルアップサービス（以下，スキルアップサービス）は「パソコンで北九州市民の生涯学習のお手伝い」「現役引退後の社会貢献の場づくり」「ICT 関係中央機関と連携した地域活動」を使命として 2001（平成 13）年 4 月に設立した。

　現在の主な活動は，「パソコン自主講座開催」「パソコン講座受託」「パソコンクラブ指導」「インターネット安全教室開催」である。

　現在 19 名の会員の年齢は 60〜80 歳，平均 70 歳である。開催している講座やクラブに参加される方々はほとんどが高齢者で，私たちと同年輩である。IT やパソコン，デジタルカメラなどデジタル機器の扱い方をマスターするのは多くのお年寄りにとってやさしいことではない。同じことを何回も丁寧に説明する必要がある。その点お年寄りの気持ちがよくわかっている私たちのメンバーは気長に，同じことでも何回も丁寧に説明するように心がけている。

　これは私たちの大きな特徴ではないかと思っている。またもう一つの特徴はスキルアップサービスが実施する講座やクラブには講師のほかにサポーターを必ず複数付けていることである。サポーターの役割は，途中でつまずく受講者をフォローしたり，時には講師の進め方にブレーキをかけたりすることである。

　一方 IT の世界は日進月歩で，パソコンからスマホ，タブレット，Wi-Fi，IoT などの機器や通信技術，SNS，ブログ，フェイスブック，ツイッター，LINE，チャットなどインターネットを利用した通信手段が目まぐるしく変化している。これらの進歩による便利さ，快適さの反面，情報漏えい，サイバー攻撃やウィルスといった脅威から私たち自身を守らなければならない。

　完全にアナログ時代に育ち，途中からデジタルの波にもまれている高齢者世代の私たちは，生まれながらにゲーム機やデジタル機器に囲まれている子ども世代，その両親の世代や学生さんの年代，それぞれの意識や行動の違いにも目を向け，時代の変化についていかねばならない。

**087**

同世代の殻に閉じこもるのではなく，多世代の方々と交流できる機会が得られるという意味でコラボラキャンパスネットワークに参加する意義があり，2014（平成 26）年に試験入会，2015（平成 27）年に正式入会させていただいた。

## 2 担当事業──学生さんとの関わり

### ■ 2.1 第 1 回シニア向け IT リーダー養成講座

2012（平成 24）年 9〜11 月毎週金曜日全 8 回実施した。定員 30 名に対し 57 名の応募があり，現役引退後の活躍の場を求めるシニア層の並々ならぬ熱意を表しているといえる。

企画全体の監修と初日の講義を地域創生学群廣渡栄寿先生にお引き受けいただき，毎回学生 4 名がサポート実習に参加してくれた。2 日目以降はスキルアップサービスが担当，「Word 2010 の基礎」を中心に，「IT リーダーの要件」を織り交ぜながら講座を進めた。

30 名中 4 名がスキルアップサービスに入会，講座サポートの経験を積んだ後，スキルアップサービスが主催する講座やパソコンクラブの講師を担当している。またホームページの制作や青少年の創造性開発のために公開されているプログラミングソフト "SCRATCH" の小学生を対象とした講座，多数公開・販売されているデジカメ写真編集ソフトの中で，無料でかなり高度な編集ができるソフト "GIMP" 講座の開催，一般のデジタルカメラに内蔵されているのに利用する人が少ない "動画撮影機能" の活用と思い出ムービーづくりの講座開発その他新しい分野で続々と力を発揮している。

### ■ 2.2 第 2 回シニア向け IT リーダー養成講座

2014（平成 26）年 9 月の毎週金曜日全 4 回午後 1 時〜4 時 10 分の 12 時間コースで実施し

図 1 「IT リーダーの要件」に熱心に取り組む受講者

た。定員20名とし，市政だより・新聞4紙・リビング北九州に紹介記事掲載をお願いするとともに勧誘チラシを市民活動サポートセンター，関係するパソコン講座の受講者，パソコンクラブのメンバーに配布して受講者を募集した。その結果自身の人生目標や得意分野に照らして，現役引退後の活動の場，社会貢献の場としてITリーダー養成講座を選んだシニア層20名の応募があった。

毎回学生さん4名がサポート実習に参加され，高齢の受講者の質問に丁寧に対応してくれた。

カリキュラムは1日目「オリエンテーション」の後，「ITリーダーの要件」と「事例：NPO法人の使命と活動」では北九州地域でITリーダーとして活動する上での心構えや機会のとらえ方を説明した。2日目は「市販テキストを使った講座の進め方」と「セキュリティへの取り組み」の講義の後，5班に分かれ，班ごとに「指導実習準備」である。テキストは市販のWordテキストを使用した。3日目から4日目半ばまで班ごとの順番で各受講者が一人ずつ講師として全員の前で指導を体験，質疑応答，講評を行った。最後に第1回受講者で，実際にITリーダーとして活動している4名の体験談を聞き，交流を行った。

アンケートでは，今回利用させていただいた北九州市立大学のパソコン教室は，清潔でパソコンを一人1台ずつ使うことができ（パソコンを持ってこなくてよい），講師の説明内容が受講者の目の前のモニター画面に映し出され，同時にプロジェクターでスクリーンにも映写して説明されるので出席者全員に「使い勝手が良い」と好評であった。

反省点として，「指導実習」で人前で指導する経験をするのは良いが，1回目の不満足な点を修正して再チャレンジする時間的余裕が持たせたほうが良いという点である。

結果的に5名の方々が講師として活躍することを目指してスキルアップサービスに入会してくれた。現在先輩会員の指導を受けながら講座やパソコンクラブのサポート経験を積んでいる。


## ■ 2.3　第1回・第2回ハロハロカフェ「パソコンよろず相談」

2015（平成27）年7月と10月の第5水曜日に実施した。コラボラキャンパスネットワークのハロハロカフェに幼児を連れて参加するお母さん方のパソコンに関する相談に乗るという試みである。

7月は「パソコン購入時の注意点」について1時間の講義を準備していき開始した。

会場には10組程度のお母さん方と幼児がいた。最初はお母さん方全員が座ってくれ，幼児はお母さんのそばに座っておとなしくおもちゃで遊んだり，絵本を見たりしていたが，30分過ぎると幼児が動き始め，ぐずったり，おもちゃの取り合いが始まった。それを鎮めようとお母さんもボランティアの方々も講義を聞くどころではなくなった。3〜4人のお母さん方は最後まで聞いてくれたが，講義形式は使えないということが確認できた。

10月に2回目の「パソコンよろず相談」を実施した。

第 2 部　参加団体の想い

　お母さん方とスキルアップサービスの高齢のメンバーがお互いになじむ必要があるということで，昼食の弁当を食べながら雑談した後で相談会に入った。メンバー 6 名がノートパソコン 4 台を持ち込み床に座って窓口を設けてざっくばらんに相談してもらう方式で行った。ノートパソコンの OS は Windows8.1 と 7 を用意した。
　当日の相談事項とアンケートに書かれている要望事項は次の通りである。

●相談事項
　・スマホから iCloud 経由での PC への取り込み方法
　・デジカメ写真（SD カード）を PC に保存する方法と不要写真の削除法
　・デジカメ写真のリサイズの方法（複数枚メールで送ると容量オーバーで送れない）
　・デジカメ写真のフォルダによる整理の仕方（一括フォルダと月ごと）
　・資料作成で PC 能力不足のため時間がかかって困っている——スキルアップサービスのアドバイスがほしい（ただし水曜日）
　・メーリングリストの作り方

●アンケート（よろず相談で聞いてみたいこと）
　・チラシの作り方

図 2　ハロハロカフェ「パソコンよろず相談」のひとコマ

第 6 章　NPO 法人スキルアップサービス

・家計簿の作成
・デジカメで撮った写真を携帯メールに添付して送れないか
・撮った写真を編集して，音楽や文字を乗せながら DVD に移す方法
・音楽をダウンロードして，CD-R に移す方法

●まとめ

　まだお互いが打ち解けて交流できるところまでいっていないのが現状である。ハロハロカフェの開催日とスキルアップサービスの行事が重なるため，重ならない第 5 水曜日に設定せざるを得ないが，年に 3 回程度しかない。取り上げるテーマや時間，実施方法など検討改善していきたいと考えている。

　現役引退後の「パソコンなど IT の指導で社会貢献」を使命とするスキルアップサービスのメンバー自身には子供や孫はいるが，子育ての時期を振り返ってみると，家のことや子育てはほとんど妻に任せきりで仕事一辺倒。「イクメンや育児休暇という言葉が出回る前に現役生活を過ごした」というのは筆者の言い訳だろう。退職後はまた高齢者の仲間と活動し，指導するパソコン講座やパソコンクラブのメンバーも高齢者中心である。幼児やお母さん方との付き合い方に戸惑うばかりで，幼児の泣き声や動きを横目で見ながら，一方でパソコンに関する質問を聞いてそれに答えることに集中できるまでには，スキルアップサービスのメンバーがまずこの雰囲気に慣れていくしかないと感じている。

　コラボラに入会したことによって，子育て中のお母さん方，幼児，お世話をする NPO のメンバー，学生さん，大学当局など幅広い年代の方々の考えや行動，発言に触れるにつけ，多世代交流の必要性を強く感じるこの頃である。スキルアップサービスがこの輪の中でどんなことができるのかも戸惑いながら，何か役に立つことがあると信じて模索しているところである。

## ■ 2.4　パソコン入門講座

　初心者対象に，パソコン入門講座を 2013（平成 25）年 8〜9 月にかけ 4 日間実施。今回は学生さんが主に企画し，毎回学生 8 名がサポート実習に参加した。前半 2 回「パソコン基礎」と「インターネットで旅行プラン作成」を学生さん，後半 2 回「ワードではがきづくり」と「エクセル基礎」をスキルアップサービスが担当。

　募集対象を「パソコンに興味はあるが，なんとなく近寄り難いと思っている人」とした学生さんの感性と着眼点が功を奏し，定員 20 名に対し 78 名の応募があった。キー入力，マウス操作が不慣れな受講者も，学生さんの丁寧なサポートでパソコンの面白さ，便利さを体感できた講座となった。反省点として，受講者の意欲を講座終了後も持続させるフォロー策を考えておくべきだったという点がある。

第 2 部　参加団体の想い

図3　よろず相談会風景

## ■ 2.5　第3回ハロハロカフェ「パソコンよろず相談」

「北九州市立大学」で，「コラボラキャンパスネットワーク」主催の子育て支援活動「ハロハロカフェ」において第3回となる「パソコンよろず相談」を開催した。

スキルアップサービスよりWindows7とWindows8.1ノートパソコンを2台ずつ持込み，相談員として9名が参加した。

幼児とお母さん方，ボランティアスタッフの方々と，昼食を一緒に済ませた後，14時まで相談会を開催した。

若いお母さん方は，子育て，家事に時間を取られ，ゆっくりパソコンに向かう時間が取れないのが現実のようだが，パソコンに興味を持っているお母さんが多く，写真や画像の取り扱い方，メールでの送信の方法，ネット地図の印刷方法など，切実な質問がたくさん出された。

## ■ 2.6　コラボラ　10周年　記念観月会

コラボラキャンパスネットワーク主催の10周年記念観月会に初めて参加した。心配された雨が上がり，雲間から観月会にふさわしくお月さまが見えた。スキルアップサービスは，親子ペアや兄弟姉妹，お友だちグループなどを順番に撮影し，デザインされたはがきにその写真を

第 6 章　NPO 法人スキルアップサービス

図4　観月会を楽しむみなさん

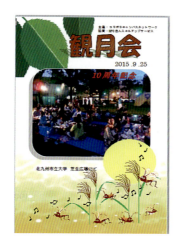

図5　観月会で配布した記念はがき

挿入し印刷してプレゼントした。80 枚ほど印刷したが，受け取られた皆さんから「記念になる」と大変喜んでいただき，お子さんやお母さんたちとの思わぬ交流ができた思い出に残る観月会となった。

　暗がりの月夜でのピント合わせや，はがき印刷，仕上がりチェック，渡す人の確認など夜間視力が弱ってきたスキルアップサービスのメンバーにとっては非常に難しく大変な体験であっ

093

たが，今後も改良を加え継続して参加したいと考えている。

## ■ 2.7　インターネット安全教室

　2015（平成27）年10月31日（土）13～16時　北九州市立大学北方キャンパスで開催した。主催はNPO法人スキルアップサービス，独立行政法人情報処理推進機構（IPA）。講師は福岡県警察本部サイバー犯罪対策課管理官である警視・兼高廣氏，スキルアップサービス理事・吉部靖正氏。出席者は59名（関係スタッフを含め参加者65名）であった。

　最初に県警から最近のセキュリティ犯罪の傾向と対策など情報提供のお話のあと，IPA主催になって一新された教材を使いながら吉部講師が講義をした。最新の事例が取り入れられており，かなり解りやすかったと好評であった。

　今回の安全教室は，参加者全員がインターネット接続のパソコンを使ってウィルススキャンの方法やパスワードの作り方，強度チェックなどの実習をすることができ，より理解を深めることができたのではないかと思われる。

　今回の「インターネット安全教室」開催に当たっては，外部からの受講者の誘導，会場設営等で北九州市立大学の学生さんの協力によりスムーズな運営ができた。あらためてコラボラキャンパスネットワークの力強いお力添えに感謝したい。

図6　最新のウィルスと防御対策情報に耳を傾ける参加者

第6章　NPO法人スキルアップサービス

## 3 結び──未来に向けて

　子育て支援，多世代交流を目指すコラボラキャンパスネットワークの中で，スキルアップ
サービスがどのような貢献ができるか模索が続いている。上記のこれまで行ってきた活動は模
索の途中経過である。

　スキルアップサービスは現役引退後の高齢者の団体であり，IT 関係の講座や指導を行って
いる中でお付き合いする方々も高齢者が中心である。コラボラ活動の中で今まで若いお母さん
方やお子さんたち，子育て支援のボランティアの方々，学生さんなどからいろいろなことに気
づかされ，良い意味での刺激を受けてきた。これからも刺激を大いに受け入れていきたいと
思っている。私たち自身，気持ちの上で若返らなければならないと考えている。

　そして私たちの方からコラボラの方々に少しでも刺激を与えられるような存在になれれば幸
いである。

# 第3部

# コラボラキャンパスネットワークへの想い

**第1章** キャンパスへ，そしてキャンパスから，連携で新たな可能性を

**第2章** 子どもとつながる，子ども同士がつながる，大人同士がつながる

**第3章** 学生による多世代交流活動

**第4章** 「子どもの遊び場づくり」を通して家族が成長するプレイセンター

**第5章** 小倉南区親子ふれあいルーム"さざん"

第1章

# キャンパスへ，そしてキャンパスから，連携で新たな可能性を

## 1 公立大学とNPOの実績と信用が出発条件

　北九州市立大学における「コラボラキャンパスネットワーク」の取り組みは特徴的である。公立大学であったことが契機・条件となり，大学にとってマイナスになっていないかを確認しながら継続されてきた。NPOの側から見れば大学で活動する意義を探っていく展開であった。大学とNPOが相互に〈多世代交流・地域づくり〉をテーマに探ってきた歩みは，高等教育機関とそれぞれのミッションを遂行するNPOのネットワークモデルとして示唆に富んでいる。

　今後の期待を述べるにあたって，これまでの経緯を振り返りながら整理を行い，特徴と課題を押さえていきたい。

　筆者とコラボラとの接点は，北九州市立大学がモデル事業として取り組む条件となった「本学教員との関わり」にある。大学は「固定資産使用規定」を設け施設開放を行っているが，教育施設・組織であるため，「公益上又は教育上，その使用が好まし」いことが条件とされ一般開放は無原則ではない。使用許可申請に対する許可の判断や，ましてや前例のない取り組みにおいては慎重であり，取り組み開始する意味や開始せざるをえない条件を検討することは当然のことである。試行するにあたって，本学教員と関わりのある団体であることが理由のひとつとされた。実施試行する方向で確認された条件である。

　大学事務局において検討する中で，大学が見出した特別性であり，北九州市立大学が公立大学であるという条件が働いていた。つまり，大学と北九州市によって評価されたNPOを北九州市が非公式に仲介したことが契機となった。また，教員の関わりがあるNPOであるということが，団体の信用を保証するものとして意味を持った。つまり，教員の仲介としてではなく，NPO組織自体を大学が対等のパートナーとして，その実績と可能性を評価したと言える。大学組織でいえば，事務局と学長・理事長の判断によって「コラボラキャンパスネットワーク」という事業名で開始されることになった。

　筆者は，北九州市立大学と協定を結んでいる団体のひとつである「乳幼児子育てネットワーク・ひまわり」の発足・活動に関わってきた。その経緯を簡単に紹介すると，研究活動として

第3部 コラボラキャンパスネットワークへの想い

取り組んでいる，地域や親のネットワークや協同についての実践活動，社会貢献活動を支援・推進する立場から，助言者や発起人のひとりとして子育てネットワークの設立に関わることになった。

1997（平成9）年7月より設立準備会活動を始め，1998（平成10）年5月に「乳幼児子育てネットワーク・ひまわり」が設立，2004（平成16）年には運営委員15名，会員数120名の任意団体として学習や交流などの事業を行っていた。2003（平成15）年9月から，親子の居場所づくり「子育てほっとステーション・ハロハロ」を開所したり，預け合い事業「あずあずAZAZ」，プレーパークを実施したりするなど，会員の提案や学習の成果に基づいてモデル事業に取り組んできた。

2004（平成16）年6月から2005（平成17）年12月までは北九州市子育て支援モデル事業として，旧中島保育所を活用した「子育て子育ち親育ちコラボラひろば」を「高齢社会をよくする北九州女性の会」と協働して取り組んだ。

この協働事業の成果と関係を継続発展させるため，北九州市から北九州市立大学事務局への提案が実現されたのが，今日のコラボラキャンパスネットワークになる。

子育てネットワークの展開について活動場所という視点から見ると，男女協働参画センター（設立当時は「女性センター」）など公共施設の貸室から，拠点づくりへ取り組み，企業と連携したフリースペースの開設，行政と連携したフリースペースを開設，その経験を踏まえて，大学と連携したフリースペースの開設へと展開してきたことになる。

こうした取り組みは，大学の定款や中期目標と関連し，大学の自己評価や中期計画の中にも位置づけられてきた。「正規課程の学生以外に対するサービス」の概要図として，「国・県・市・企業等への支援」では地域社会との連携として，「各世代に対応したサービス」のなかでは乳幼児期の活動として位置づき，生涯にわたるサービスの展開を実施していることにつながっている。

## 2　取り組みの特殊性

北九州市立大学の取り組みは，大学とNPOとの協働の事例であるが，子育て支援としての関わりから見ると特徴的である。北九州市立大学は，保育・幼児教育課程を有しておらず，学生の実習やボランティアとしてなど〈教育としての協働〉が先行して取り組まれてきた事例ではない。また，子ども・子育て関係の研究者が相談や助言を行う事例でもない。ここに，他の子育て支援に取り組む高等教育機関との位置づけの違いがある。

これは，協働のあり方を規定する。学生教育が第1目的でないため，学部学科や担当教員を通した協働でなく，大学組織との協働となる。むろん，学生の教育に資することは期待されるが，地域貢献のカテゴリーのなかで検討されてきたために，活動に関するプロジェクトを立ち上げ，その協働として実現された。その際，活動内容を限定するのではなく，活動内容の例示

第1章　キャンパスへ，そしてキャンパスから，連携で新たな可能性を

を確認して，活動方針・方向について協働を確認したことで，その後の活動が展開していく条件にもなった。

　開始時の状況は，NPOの施設利用を認めるものにすぎず，その意味では施設の一般利用条件に添うもので，毎回の利用許可審査が簡略化され，毎週の利用など大学教育に支障のない限りで認めようとするものであった。施設利用料を徴収し，活動に対する予算もないが，事務職員の窓口・担当を据えたことは評価できる。このように大学とNPOが協議する仕組みが整うことで，マスコミや市の評価・注目など広報活動の成果を上げた。内閣府からも高等教育機関と外部団体との連携事例として評価された。そうした影響，外部からの評価があって，はじめて施設使用料の減免が行われるようになった。

　減免の条件については「国，地方公共団体その他公共団体又は公共的団体において公用若しくは公共用又は公益事業の用に供するとき」とされており，NPOの場合，実績があってはじめて適用を受けることができたといえる。地方公共団体と，公共団体，公共的団体の区別が行われ，かつ公益事業であるかが審査されていることになる。このように，試験モデルであっても，大学としては規則の枠内での対応から開始されるが，「地域貢献大学」として全国的に高く評価されたことなども追い風となり，大学においても，この事業の評価と位置づけが高められていくことになった。客観的には見えにくいが，大学，NPOの双方において特殊な関係ができていくことになる。

　こうしたことを通して大学とNPO団体との協働モデルから，大学とNPO団体が同じ立場で協定する協働へ発展してきたところにも特徴を見出せる。協定においては，大学とNPOが契約するのではなく，大学とNPOそれぞれが並列で合意する契約形式をとっている。つまり，施設開放・社会貢献という大学の役割と同時に，公立大学という条件もあり，市民との協働が成立してきたモデル，その結果〈地域貢献の大学〉から〈地域の大学〉として発展しようとしているモデルとして評価することができる。

　例えば業務提携のように内容が決定されているということなく，NPO団体が自由に創意工夫して企画・提案・実施できる仕組みをとり，大学が開かれていくプロセスをたどっている。年度ごとの合意書を交わし，事業については「趣旨に合致する事業」が含まれる。また，定期会議の開催が位置づけられ，大学も業務として会議に参加し事業について協議していく協働の話し合いの場がポイントになっている。

　こうして大学がイニシアティブを握るのではなく，NPOの申し出を受け入れることが出発点の関係である。複数のNPOと大学がキャンパスを活かすことができるのかモデルケースとして取り組みが探られていくことになる。

　そこには，自立したNPOという存在があり，予算や資金を大学に依存していないことも条件になっている。つまり，大学というリソースを活用したNPOの存在があって，対等の自立した協働が成立している事例といえる。

　ただし，公立大学とはいえ，大学は教育研究組織であるがゆえにNPOや市民との協働を理念的には歓迎するが，実践的には無条件に受け入れることはできない。それが現れてくるの

101

第3部　コラボラキャンパスネットワークへの想い

が，モデル事業としての出発であり，協働先の条件や拡大を規定する内規である。活動の実績があってはじめて協働先になる。

また事業は，数年のプロジェクトとして成果や期間が定められるものではなく，単年度毎の契約締結で継続していく仕組みとなっているように，連携を図りながら，それぞれにとって支障がないか，継続する意味があるか手探りが行われているモデルとなっている。

このように1団体との特別な協定ではなく，複数の団体が連携を図っている点，企画や内容は提案型で実施されていく点など複数のNPOの活動がこのネットワークを推進し，大学がその活動を理解し，支援することでコラボレーションを促進している。

この点を踏まえると，事業に関するNPOへの今後の期待は，大学のリソースを活用し，地域における大学の役割，そして大学との連携・活動する意味を開拓することころに求められる。これまでの展開は，北九州市立大学を活用した事業，そして北九州市立大学で実施している事業と，人的資源活用から物的資源活用へと変化してきている。この変化を，大学側がどう理解・評価し，今後を計画するのかが問われている。〈北九州市立大学で行っている事業〉と，〈大学で行っている事業〉の2つの視点の違いである。

## 3　取り組みの持つおもしろさと期待──子育て支援とキャンパスの魅力

大切なことは目に見えない，当たり前の関係によって引き起こされる。人と人との関係によって促される〈不定形教育〉である。大学は，カリキュラムを持ち，学生教育にあたり（〈定形教育〉），一方，学生自身は，サークル活動や部活動などを通して不定形教育の領域を持っている。社会的経験は，ボランティア等で獲得していくことが期待されているが，多くの学生は自主的に参加することなく，実習やゼミを通して経験することがあるかないかである。社会との接点といえば，アルバイトを通した社会的体験に限られている。日常的には，隣近所など地域との接点もなく，大学とアルバイトで日々すごしている学生が多い。

コラボラの取り組みによって，大学で，子どもや親や市民に出会う経験は特殊な機会になっている。これは〈非定形教育〉としての意味を持つ。教育の一環として，学校教育では次世代の親教育や乳幼児とのふれあいなどの実施が増えてきているが，地域の中でのふれあいや交流は衰退している。その関わり合いや，乳幼児，親子がいる環境について，学生自身が気づき，学び体験する機会を意図的に整備することが必要になっている。

多世代交流・地域づくりの協働であることから現在の活動は「普段接することの少ない学生と地域の方々が北九州市立大学キャンパスを拠点に交流できる活動やイベントを展開」と意識されている。

学生にとっての意味だけでなく，キャンパスは外部の利用者にとっても魅力的で安心な施設となっている。まず，学食があり購買部があり便利で安い。それから学生もいる。子どもたちが遊びながら，「お兄ちゃん」「お姉ちゃん」に寄って行って声をかけたり，かけられたりの

第 1 章　キャンパスへ，そしてキャンパスから，連携で新たな可能性を

「当たり前」の光景に出会える。大学という施設・環境・資源によってうまれる安全安心である。かつて地域で「当たり前」だった関係や環境が「当たり前」に見られる場所になっている。

　こうしたことから，大学が開かれるということには，社会の変化が関わっていることを感じ取れる。社会におけるバリヤー（声をかけあったりふれあったりできる関係の壁）が高くなって，かつては敷居が高かった大学（理由がないと訪問できない施設）のバリヤーが，この 10 年，20 年の間に社会のものよりも低くなってきている（キャンパスは居心地がいい）。

　つまり，社会の中で「当たり前」に行われてきたことが，「そうでなくなっても大切にしたい」と思うことからうまれる取り組みや関係として大学になだれ込んできているという状態だといえる。

　「公園に行ってお兄ちゃんお姉ちゃんと遊んでもらいたい」そんな願いを親が抱いても，「お兄ちゃんお姉ちゃんに声をかけなさい」と子どもに促すことは難しい。あるいは学生が公園やいろんなところで小さい子どもに声をかけたり，一緒に遊んだりできるかと想定してみると若者と子どもの間にかつてあった自然なふれあいが変化していることが理解できる。

　微笑ましい，当たり前のことであった日常風景なのに，いまはリスクが高かったり，注意する，避ける必要のあることになりつつある。しかし人が過ごしたり信頼し合ったりするにはそれは不可欠だという思い・願いがあったため，今まで敷居が高かった大学に持ち込まれたのが，出発点を支える NPO から見る親子の現状であった。大学は地域より，安全安心だし，大学の中には学生がいるし，大学外の地域よりは安全で監視の目が行き届いている特別な場と評価される。このように，大学が変わったのではなく，時代のなかで地域が変わったことで，大学の資源が注目されたといえる。

　地域にあったはず，求めるはずのものが大学の中になだれ込んでくるという現象と捉えると，時代のなかでの大学の存在の意味を活かしていくことが求められていることが明確になる。そうした実践としての，後退的先進性を持っているおもしろさが存在している。

　大学をコミュニティにという本学の取り組みは，市民，とりわけ親子からすると大学に来やすい特別なきっかけになりつつある。託児付き公開講座の実施は，来訪したことのない親子に大学の存在をアピールすることとなっている。そして，事業の一般利用者の高い満足度として現れている。小さい輪であるが，定着と自主運営の協力者・担い手として利用者が育っている。

　このように，コミュニティの関係バリヤーによって衰退してきた親子の，そして若者（学生）との関係は，大学の中で意識的につくりだすコミュニティでしか成り立たなくなってきているところに意味と，同時に社会の課題があるといえる。オアシスのような場所ではなく，地域を作り直すという方向に向けて行くまでには，まだ至っていない。問題意識を持ち，学びはじめよう，力をつけていこうという段階である。大学と NPO が親子を中心とした市民をキャンパスに呼び込み，キャンパスで活動することを経て，キャンパス外へと広がり，つながっていく拠点・発信としての役割が期待される。

103

第3部　コラボラキャンパスネットワークへの想い

## 4　取り組みの持つおもしろさと期待——多世代交流とコミュニティ

　北九州市立大学で展開されている，この事業のおもしろさは，名称にもなっているコラボラキャンパスネットワークというところにある。コラボラは，コラボレーション，異質なもの，いろんな組み合わせからおもしろいものが生まれるという理念と期待を背負っている。その事業の一環として，先の子育て支援にあたる居場所づくりやグループ活動，プレーパーク，講演会などがある。しかし，多世代共生生涯学習事業とネーミングしているところが1つの特徴で，その考え方の中で実施されているところが重要である。子育て支援関係のNPOと連携した学内の活動などでは見られないおもしろさと意味を持っている。

　またミッションの異なる複数のNPOが関わっていて，それぞれのスタッフの性別や年齢構成も一様ではない。それが，子育て支援だけではなく，学生とスタッフを軸にさまざまな関係ができる条件になっている。コラボラ菜園のように「高齢社会をよくする北九州女性の会」が中心となって進めている，学内の緑化や菜園活動，収穫祭，観月会といった一連の取り組みのなかでは，高齢者からの学生への声かけが行われている。

　水遣りをやりながら学生に「手伝って！」と声をかける，学生と作業しながらおしゃべりしながら説明して学生が託児ボランティアになっていくことが日常的に行われている。また「あんたらサークル活動やっているの？　観月会でちょっと出番作るから何かやってみてくれない？」などキャンパスの中でいろいろな組み合わせを促進している。こうした声かけが生まれてくると，いろいろなことにアンテナが張られ，それぞれがそれぞれで活動しているのではなく，学生とNPOや一般利用者，様々な世代が交流，相互に協力しあっていくという展開がなされていく。同窓会組織の先輩—後輩や学生サークル，学部毎の学生活動と異なる，斜めの関係がコミュニティのような関係を体験する機会を作り出している。

　NPOなど市民活動を行っている人たちは課題意識や問題意識も強いし，行動力や影響力も強いリーダー的な人が多い。そうした人たちが大学の了解と信用，そして目に見える活動を実施し始めると「こういう活動をやっている学生はいないのか？」など人材を掘り起こして出番と役割，組織化をしていく。こうした環境を整えることは，大学の，そして学生への1つのカンフル剤になっていると思う。それを有意義に活かすために，一般開放で様々な市民活動を受け入れるのではなく，コラボラという仕組みを作り，協働事業として展開させているところに，先駆モデルとしての特徴と意義を持っていると評価する。

　北九州市立大学の取り組みのおもしろさというのは，このように活動や結果だけでなく，それに取り組む中で育まれる関係性や雰囲気の中にある。筆者は，本学の教員として，参加学生数の増減や授業での関わりよりも，そうした情景に出会ったり，見かけたり，聞いたりすることが，学生にとってコミュニティのモデルとなり，卒業後に地域を構築していく手がかりになると感じている。

　それゆえ，北九州市立大学の取り組みから取り出すべきは，NPOなど様々な活動を，大学

の中に持ち込ませるとおもしろい波及効果や関係ができていくというところにあると考えている。大学の資源を活かしてもらうことはもちろん，大学も大学外の資源を活かすために，もっと積極的になって垣根を低くし，双方向の風通しをよくする意味と仕組みを蓄積し，発信していくことを求める。大学教育におけるアウトリーチや課外活動においても，先駆的な実績をあげてきた北九州市立大学は，同時に，大学に取り込む・受け入れる芽も育ててきている。大学とNPOとの双方向性の活性化と，地域や市民との循環を構築していくことが公立大学として問われていると思う。

　NPOにおいても，大学で活動するなかで，北九州市立大学だからできる／できたことと，大学と連携しているからできる／できたことの両方を意識して活動を積み上げていってもらいたい。

　今後，この事業だけの関係ではなく，学生がNPOを立ち上げたり，ボランティアではなくスタッフとなったり，NPOのスタッフや事業の一般利用者が社会人入学や大学院在籍など正規学生になるといった，事業を構成する組織・団体を行き来する生涯学習としての動向も出てくることを期待している。

## 5　モデル事業だからおもしろい──継続・発展し続けることを期待

　事業が取り組まれはじめて，受験生や公開講座などの受講生の増加といった大きな数的実績に結びついているとは言えない。けれども，私がおもしろいと感じるのは，キャンパスでの協働事業として本人たちが遊び心をもちながら活動しているところにある。学生だけではなく，子どもたちが楽しんでいる姿，多世代を巻き込み，さまざまな活動や人が分かち合おうとする行動は，市民に元気を与えると同時に，可能性，変わりゆく姿を予感させる。

　事業の一つとして実施されているハロウィン企画などは典型である。諸団体の人たちが連携して，学生も一緒に実施している。子どもたちが大学の中で，お母さんたちと仮装をして「トリック・オア・トリート」と回る。いろんな団体が仕掛けをして，お菓子を配るという準備はしているわけだが，通りすがる学生からすると驚きになる。突然の仮装にびっくりして「これ何？　また何が始まったの？」と。そうしたことを受け入れて，見守ったり面白おかしく，いろいろ楽しんで参加したりする雰囲気ができていくことが，人間とつながる力，社会を作り直していく力として大切となる。

　また，活動の試行錯誤の中では，キャンパスの環境を活かした外遊びだけでは，周辺の人をなかなか巻き込めない，参加している人だけにとどまってしまうという反省も行われている。経験を整理したり，意識的に取り組みを検討すると，七輪など火が人を立ち寄らせたり，関心を引いたりすることに行き着いている。火を焚いてマシュマロをあぶったりすると，職員や学生たち，通る人が「何をしているのですか？」と声をかけてくる。「マシュマロあぶっているの，やってみる？」と展開するなど，きっかけを意識・工夫することで巻き込んでいく方策を

第3部　コラボラキャンパスネットワークへの想い

探っていく発展も行われている。

　活動は行っているが，どこが欠けていて，何が目的なのかということを絶えずお互い情報交換したり，実験したりするところに「やる気」と成果を見出すことができる。キャンパスを遊び場にするなど楽しくワクワクするような発想がある。いろんな世代がいろんなことをやっていく，あるいは取り戻す場になるために，大学は若者（学生）がいるという条件と，キャンパスという資源を提供（開放）することで，学生の広い意味での教育に活かしていくことにつながる。NPOと一緒に，いろんな機会をつくっていく先行事例と評価する所以である。

　会議で詳細を決めて実行すると役割分担の活動になりがちである。やりたいことをキャンパスの中でやってください，というような事項を確認して応援するだけで，いろんなおもしろいことが出てくることを，もっと評価していいと考えている。大学がより身近になり，学生の教育の幅が広がることが，時代のうねりになっていくことを期待している。

　最後に，こうした活動が継続されてきた背景には，大学の理解とNPOの力量もあるが，窓口となった職員の役割が大きかったことに言及しておく。最初に担当した嘱託職員（その後，正規職員採用）が，NPOでの職員経験を持つ人であったことが，モデル事業が軌道にのっていく好条件となった。大学とNPOの要望を上手くつなぎ，様々な広報や紹介を行ったことが，実績と注目につながった。様々な条件から始まり，積み上げられてきた，この事業が継続発展し続けることを期待している。

第**2**章

# 子どもとつながる，子ども同士がつながる，大人同士がつながる

　筆者（楠）は北九州市立大学の教職課程の専任教員であるが，コラボラのメンバーとは様々な機会でお会いすることがあり，コラボラ講演会の講師やコメンテーター，また，"さざん"が開所して1年目，2年目の節目のところでの「事業評価会議」に参加させてもらったりしてきた。

　普段は大学のキャンパス内で実施されている「ハロハロカフェ」「プレイセンター」の活動を遠巻きに眺めているのだが，今回，コラボラの実践を紹介する原稿を読ませてもらって，あらためてコラボラの活動が持つ社会的な意義について考えさせられた。

　本章では，まず，今日の子どもと子育ての危機，そして，その克服に向けての課題を整理すると同時に，コラボラの取り組みのもつ社会的意義について，1. 発達（development）の糧となる生活世界を子どもたちと一緒に創造する，2. 子育て支援と子育て共同の取り組み，の2つの観点から整理してみたい。

## **1** 発達（development）の糧となる生活世界を子どもたちと一緒に創造する

### ■ **1.1 子どもたちの発達（development）の危機をどうとらえるか**

　筆者の専門領域は「生活指導」である。この用語は多分に誤解されているが，「生活指導」とは決して子どもたちの「生活」を「指導」するものではない。子どもたちと一緒に創り出していく生活（活動と人間関係）が子どもたちの「発達」（development）を導いていくプロセスを援助していくものである。

　"development"という英語は「発達」だけでなく，「発展」，「開発」など，様々なかたちで訳されているが，"development"の本来の意味は，その個人や集団，コミュニティの中に内在している可能性やエネルギーが外界との関わりの中で開花し，展開していくプロセスのことである。したがって，本来の意味での「生活指導」とは，子どもたちと一緒に「発達（development）」に必要な生活を創造していく営みなのである。そのようにして創造された生活の力によって子どもたちは，さらには大人自身も成長・発達していくのである。

**107**

第3部　コラボラキャンパスネットワークへの想い

　今日，人間らしく成長・発達していくために必要な生活（活動と人間関係）を奪われているのは決して一部の子どもたちだけではない。子どもたちの表出するいじめや暴力，器物破壊などの問題行動も，子どもの中に内在している可能性やエネルギーを外在化し，展開していくために必要な生活を奪われていることと決して無関係ではないのである。言い換えれば，子どもの問題行動を，自らの「発達」（development）に必要な生活を奪われていることへの無意識的な「異議申し立て」として理解していく必要があるのである。

　そのような視点に立つことで，子どもの問題行動をいかに抑え込むか，ではなく，子どもの問題行動の背後にある，自らの発達に必要な生活を求める「発達要求」をどのように読みとっていくのか，さらに，子どもの中にある可能性やエネルギーを発揮できる生活をどのようにして子どもたちと一緒に創造していくか，という課題の重要性が認識されてくるのである。

　ちなみに，以前の時代に比べて大幅に増加したようにみえる「発達障害」（developmental disorders）の問題も，この発達に必要な生活の剥奪の問題との関連で検討していく必要があると筆者は考えている。たとえば，生まれたときからテレビ・DVD・ゲームなどの視覚的刺激が氾濫した生活環境に置かれ続けることは，子どもと大人との，また子ども同士の相互応答的な関係を奪いとり，自我・社会性の発達疎外状況につながっていくことは半ば必然であり，その結果，以前であれば発達障害と診断されるには至らなかった水準の神経生理学的な問題を持つ子どもまでが，子どもを取り巻く環境の悪化によって「発達障害」と診断されていく可能性も決して無視できないものであろう。

　誤解を恐れずに言えば，発達障害の子どもの著しい増加は，子どもたちが人間らしく成長・発達していくために必要な生活を奪われていることへの警鐘として理解していく必要があるのではないだろうか。

## ■ 1.2　子どもたちの「遊びの DNA」が再び活性化する生活世界を

　元小学校教師であり，フリーの写真家でもあった宮原は，1970年代前半の，東京都内での子どもたちの遊びの様子を写真で紹介している（宮原洋一（2006）「もうひとつの学校　ここに子どもの声がする」新評論）。

　この写真集を見ていると，高度経済成長後の，決して自然環境には恵まれていない東京の地で，子どもたちが公園だけでなく，空き地，道路，境内，さらには工事現場や資材現場の廃材までを活用して，実にたくましく遊んでいる様子に驚かされる。まさしく子どもたちが主体的に作り出している遊びの世界（宮原のいう「もうひとつの学校」）において，子どもたちの中にある「遊びの DNA」（宮原）が見事に開花し，展開しているのである。

　しかし，そのような「もうひとつの学校」は1970年代後半になると急速に衰退し，宮原によれば，1980年代になると「消滅」と言っていい状況に追い込まれていった。

　宮原は「この喪失は子どもの発達にとって大きな問題であり，『子ども史』のなかでかつてないことでした」「いま，小学校では低学年から授業が成り立たない状況が多くあることは周

第2章　子どもとつながる，子ども同士がつながる，大人同士がつながる

知の通りです」「幼児期，児童期に仲間とあそびきっていないことが心身の発達に大きく影響していると思われるのです」と述べているが，的を得た指摘であろう。

　宮原は，そのような現状を踏まえて，子どもたちにとっての「もうひとつの学校」が子どもたちの発達にとって不可欠なものとして位置付けることの大切さを指摘している。

　また，宮原は，自身が勤めていた私立桐朋小学校の「しぜんひろば」と名づけられたあそび場の様子を紹介している。

　宮原によれば，この広場にはさまざまな木々が植えられ，池には水草の根についてきた卵から孵ったメダカが群れを成して泳ぎ，やがてミズスマシ，ヤゴ，カエルなどの生き物，さらには，カルガモがつがいで来るようになった。子どもたちは1970年代の子どもたちと同様に，放課後にこの「しぜんひろば」でモミジの木に登ったり，基地をつくったり，穴を掘ったりする活動を展開している。

　そして，この本の最後で宮原は次のように結論付けている。

　「このように校庭のいろいろな場所に自由にあそびが展開できるような『場』をつくることがまず必要ではないでしょうか」「そこにはお仕着せの遊具などはいっさい置かず，子どものあそび心を刺激するような素材が無造作に置いてあればいいのです。それらを使って基地をつくったり，穴掘りをしたり，水あそびをしたりする自由があればいいのです。何といっても，子どもたちがこうしたところで「あそびきる」ことが重要です。中途半端にではなく，子どもが心ゆくまであそびきることで，将来，自らの力で人生を生きていくための根っこが育まれていくはずです」「平日は少なくとも午後4時までは学校で遊べるようにして，土曜日，日曜日は，地域の大人もいっしょになって子どもたちとあそび，伝承的な『あそびのDNA』を復活させるのです。とくに，『あそびのDNA』を豊かにもった団塊の世代が大いに活躍できる場にもなることでしょう」「これは『もうひとつの学校』を起点とした新たな地域コミュニティづくりにつながっていくはずです。そして，それは地域社会の再生にもつながり，新たな私たちの活力を生み出す源になるに違いありません」

　この宮原の結論は，子どもの安全管理に対する強い社会的な要請がある中で，現実にとり得る重要な施策の提起であると考えている。

## ■ 1.3　コラボラキャンパスの「子どもの遊び場づくり」（プレイセンター）について

　コラボラキャンパスの「子どもの遊び場づくり」（プレイセンター）の実践報告は，宮原のいう，子どもたちの中の「あそびのDNA」の存在を強く感じさせられるものであった。プレイセンターの取り組みは，乳幼児期の段階から，子どもたちの中にある「遊びのDNA」を活性化させる試みでもあると考えられる。

第3部　コラボラキャンパスネットワークへの想い

プレイセンターに参加した保護者からの感想として，次のようなものが紹介されていた。

「大人からみた『遊び』の分野に入らないことの中で子どもはあらゆる発見をし，繰り返すことで何かを学びとっている」

「様々な遊びの中から自分のやりたいことを『決定』することが成長の過程だということ」

「子育てをしていく中で，何気なく与えていたおもちゃが子どもの遊びを制限していたのではないかと気づかされた」

「子どもの『遊びたい』という欲求を潰してしまわないように見守る大人になろうと思っています」

「子ども目線という点が一番だと思います。『危ない』からと何もさせないで終わるより，まず，安全という環境を整えた上で，させてみる，親の思った通りの遊び方を押し付けない。など，まず子どもが何をしているか，何をしたいかということを観察するということが大切だなあと感じているところです」

また，「見学に行く前はママ友サークルに似てるのかなと思っていましたが，見学に行くと子ども主体で母親たちはサポート役として，いかに安全に，のびのびと遊ばせてあげられるか，といった雰囲気で，とっても良いなあと思いました」という感想も寄せられている。

このように，プレイセンターでは，遊びを創造していく主体はあくまでも子どもであり，大人は子どもたちが主体的に創造していく遊びを見守っていくサポーター役に徹している。

今日，様々な塾や教育産業が「遊びを通じて子どもを伸ばす」と称したプログラムを実施したり，様々な学習教材を販売している。それらの取り組みと，このプレイセンターでの取り組みの決定的な違いは，子どもたちが受動的に「遊び」の課題をこなすのではなく，自らの発達の糧となる遊びを自分たちの手で主体的に創造している点であろう。

動物の子どもたちの姿を見てみれば明白なように，子犬にしろ，子猫にしろ，小さい頃は本当にじゃれあったり，とっくみあったりしながらよく遊んでいる。なぜあんなに遊ぶのか，それはその活動が自らの発達にとって必要不可欠だからである。

本来は人間の子どもだって，動物の子どもと同じように，自らの「本能」（＝「あそびのDNA」）に突き動かされて，自らの発達に必要な遊びの世界を仲間と一緒に，あるいは大人を巻き込みながら創造していくものであることは，宮原の写真集からも十分に理解されることであろう。

ちなみに，今日，小学校中学年頃になると，多くの学級で発達障害の子どもやネグレクトの状態に置かれた子どもに対する「バイキンごっこ」のようないじめが流行していく現状にある。しかし，それは，今日において，子どもたちは「いじめ遊び」の中にしか，自分たちの主体的な活動を作り出せなくなっている悲しい姿でもあるのではないか。

その意味でも，もう一度，自分たちの発達（development）に必要な活動を子どもたちが自らの手で創造していく権利を子どもたちに保障していくことが何よりも求められているのである。

110

第2章 子どもとつながる，子ども同士がつながる，大人同士がつながる

プレイセンターの取り組みで強調されているように，「子どもの遊び場」を作る主体は決して大人ではない。子どもたちが主体的に遊びを作り出していくプロセスを保障していくことが，結果として，子どもの発達を促していくことをプレイセンターの実践は示している。

さらに言えば，子どもたちの発達に必要な遊びの世界を子どもたちと一緒に創造していくプロセスは，保護者自身にとっても子どもと一緒に，親としての成長・発達を成し遂げていくプロセスであると考えられる。

話はやや飛躍するが，今日，学校現場の教師の中に「うつ病」の問題が急増している。それは，今日の学校現場で教育実践の自由が奪われ，子どもたちをいかに管理し，指導に従わせられるかで評価されるようになるなかで，教師が子どもたちと一緒に「発達の糧」となる活動を創造していくことが著しく困難になってしまっていることが最大の原因であると筆者は考えている。

そして，育児まっ最中の保護者の「うつ病」の増加も，子どもとの関わりを通じて，また，子どもの「最善の利益」を一致点とした保護者同士のつながりを通じて，大人として成長，発達していく権利を奪われている中で生じてくるものなのではないだろうか。

プレイセンターの取り組みは，単に子どもたちのための活動ではなく，発達の糧となる遊びの世界を子どもたちと一緒に創造していくことを通じて，もう一度，大人自身が発達への権利を取り戻していく取り組みでもあると言えるのではないだろうか。

## 2 子育て支援と子育て共同の取り組み

### ■ 2.1 今日の子育ての危機をどう捉えるのか──"赤ちゃん部屋のおばけ"が問いかけるもの

児童精神科医の渡辺久子の著書の中で次のような事例が紹介されている（「子育て支援と世代間伝達」金剛出版，2008，p. 59）。

ある若い母親が，生後2ヶ月の長女の泣き声に，発作的に布団をかぶせて窒息死させた。母親は警察に逮捕され，夫が弁護士を伴い，著者を訪ねてきた。母親は結婚して郷里から離れ，見知らぬ大都会で孤独な育児をしていた。夫は朝早く出勤し，帰宅は遅く，田舎の母親は病弱で頼れなかった。たまに夫が早く帰宅すると，妻は「お乳の飲みが悪い」「おむつかぶれがひどくなった」と訴えた。最初は聞いていた夫も，やがて苛立ち，「くよくよしている暇に夕飯くらい作れ」と怒鳴った。妻は翌日から訴えなくなり，ある日，夫が帰宅すると，電気もつけない座敷に，赤ん坊の顔に布団をかぶせ，妻はぼーっと放心していた。

この妻には障害児の弟がいて，実母の苦労をみて我慢強く育った。妻は都会の孤独な育児に，弟をケアする母親の暗さと，幼い頃の自分の寂しさをダブらせ抑うつ的になっていた。

都会の狭い密室の育児は，得体の知れぬ情動の襲いくる「赤ちゃん部屋のおばけ」の世界で

111

あることを，一般の人々がもっと認識していたらと悔やまれる。

渡辺はこの「赤ちゃん部屋のおばけ」について，次のように説明している。

　乳児の存在は親の心の深層を揺さぶる。乳児を抱きながらもやもやと湧き上がる不気味な得体のしれぬ感覚は母親自身を脅かす。それが実は抑圧されたままの葛藤，つまり拒否されたり痛めつけられた瞬間の身体記憶であることを精神分析学は明らかにしている。過去の流産，死産や自らが乳幼児期に見捨てられた体験記憶などがフラッシュバックする現象をフライバーグは「赤ちゃん部屋のおばけ（ghosts in the nursery）」と名づけた。

　話は少し飛躍するが，この「赤ちゃん部屋のおばけ」を理解しない限り，たとえば，社会に大きな衝撃を与えた，大阪の二児置き去り死事件を起こした母親の芽衣さん（仮名）がなぜ我が子をアパートに置き去りにせざるを得なかったのかを理解することも困難なのである（この事件の詳しい概要については，杉山春『ルポ　虐待——大阪二児置き去り死事件』，ちくま書房を参照されたい）。

　18歳で妊娠し，結婚。すぐに二児の母親となった芽衣さんは，自らの母親の悲しい人生をあたかも辿るかのように家出，浮気事件を起こして離婚に至る。そして，2人の子どもだけとの生活が始まると，「赤ちゃん部屋のおばけ」に芽衣さんは襲われるようになっていく。

　西澤（当時，大阪大学教授）は「芽衣さんはあおいちゃん（長女，仮名）の上に，幼児期に寂しい思いをした自分を重ねていた投影同一視といえる状態でした。共感というのではなく，自分自身をそこに見ている」と語っている。

　このルポの著者の杉山春は，「芽衣さんには，幼い頃，自分が放置されていたことについてのはっきりした記憶はない。その事実に蓋をすることで生き延びてきたからだ。だが，娘と自分を重ねているだけに，娘の孤独を認識することは，放置されていた幼い自分自身に直面することでもあった。それは恐怖にも似た感覚だったのではないか」とまとめている。

　芽衣さんは，襲いかかる「赤ちゃん部屋のおばけ」から逃げだすかのように，2人の我が子を置き去りにしていくしかなかったのである。

　芽衣さんに対して，裁判では懲役30年が確定している。しかし，私たちに求められていたことは，芽衣さんに懲役30年もの刑を科すことによって，この事件によって引き起こされた悲しくやり場のない感情の溜飲を下げることではなく，このような悲劇が二度と起こらないために何をすべきなのかを明らかにすることではなかったのだろうか。

　それでは，芽衣さんのような困難な生育史を抱えて生きてきた保護者が「赤ちゃん部屋のおばけ」に襲われず，安心感をもって子育てをしていくためにはどのような支援が必要だったのだろうか。

第 2 章 子どもとつながる，子ども同士がつながる，大人同士がつながる

## ■ 2.2 子育て支援と子育て共同の取り組みの課題

　筆者（楠）は上記の芽衣さんのような困難な課題を抱える養育者への支援に求められる課題を 5 つの観点から整理してみた。ここではその 5 つの観点について紹介したい。

"responsibility"（「応答能力」）

　子育てでは親の責任がしばしば強調されている。しかし，責任の英語は responsibility という単語であり，これを分解すると，response（応答する）ability（能力）となる。

　それゆえに，筆者はこの responsibility という単語を「応答能力」と言い換え，子育て支援，子育て共同の最大の課題は，保護者が我が子の感情やニーズに応答できる能力を担保できるように支援していくこと，そして，保護者同士のつながりや共同の中で我が子への感情やニーズに応答できる力をエンパワーしていくことであると考えている。

　ちなみに，子どもの権利条約第 18 条では「親の第一次的養育責任と締約国の援助義務」が掲げられている。この条項は親が我が子への養育の責任（responsibility），すなわち，我が子への「応答能力」を担保できるように締約国が援助していく義務があることを謳ったものである。

　このように，まず，養育者の等身大の思いや感情，内的葛藤に寄り添い，応答（response）していくこと，その際には，"向かいあって話を聞く関係" だけでなく，一緒に子どもを遊ばせたり，家事をしたりしながら，"並び合う関係" の中で養育者の等身大の思いを聴きとり，応答していく取り組みが重要である。そのような関わりによって，養育者は我が子への「応答（response）能力（ability）」を回復し，子育ての責任（responsibility）を果たしていく力をエンパワーされていくのである。

"bonding"（情緒的な絆を築いていくこと）

　養育者がこの人と "つながれている" と感じられる関係性を築き，その情緒的な絆を内面に取り込んでいけるように援助していくこと。とりわけ芽衣さんのような否定的な被養育体験を持っている養育者に対しては，その生育史によって作られてきた否定的な親イメージを修正していく体験を保障し，「よき親」のイメージを内面に持てるように援助していくことが，我が子に対して「よき親」として関わっていく力を育んでいくのである。

"holding"（養育者を周囲が温かく見守り，その心をしっかりと「抱っこ」していくこと）

　養育者が育児で孤立無援感に追い込まれるのではなく，周囲との関わりのなかで安心感，安全感，すなわち，「自分は周囲から（見）守られている」という感覚を感じられるようにサポートしていくことを通じて，我が子をホールディング（抱っこ）してやれる力を養育者が取り戻せるよう援助していくことが大切である。

　筆者は半分冗談，半分本気で，「つくろう，地域のゴーストバスターズ！」という "キャッ

113

第3部　コラボラキャンパスネットワークへの想い

チコピー"を話す時がある。すべての養育者が地域コミュニティの中でホールディング（抱っこ）される環境を保障していくこと，それが「つくろう，地域のゴーストバスターズ！」の意味するところである。なぜなら，養育者の心をしっかりと「抱っこ」してくれる人間関係を地域コミュニティの中に創造していくことができれば，「赤ちゃん部屋のおばけ」は出てこれないからである。

　言い換えれば，養育者の心がしっかりと抱っこ（holding）される環境を保障することができれば，困難な被養育体験をもつ保護者であっても，我が子を「抱っこ」してやれる力を取り戻すことができるのである。

"modeling"（行動や関わり方のモデルとなること）

　実際の子どもへのケアの仕方，遊び方，コミュニケーションの取り方，あるいは"生活のわざ"などを実践的に取り込んでいけるような「モデル」となっていくこと。そのためにも，養育者との確かな信頼関係を築き上げていくことが重要であり，そのような信頼関係に支えられて，我が子へのケアの仕方などを「まねび」つつ，「学んで」いくことが可能になるのである。

　とりわけ芽衣さんのように原家族のなかで適切なケアが保障されていなかったり，施設で育てられたりしていて，家事・育児の適切なモデルを取り込めていない養育者の場合，このモデリングの機能はとりたてて重要になってくると考えられる。

"monitoring"（「見守り」）

　養育者や家族，子どもの状態が深刻化していないか，あるいは親子分離や入院などの措置が必要かをモニターしていくことも子育て支援者の重要な役割である。そして，必要があれば関係諸機関と連携をとり，地域コミュニティとして親子をホールディングしていけるように働きかけていくことも必要になってくると考えられる。

## ■ 2.3　コラボラ，そして"さざん"の取り組みの社会的意義

　もちろん，ここで挙げた課題は市民同士のピアサポートの関係の中で必ずしも実践できるものばかりではない。しかし，コラボラの取り組みは，市民同士のネットワークの中で，我が子への応答能力だけでなく，大人世代の子ども世代への応答能力を育んでいく取り組み，また，応答能力を一緒に取り戻していく取り組みとしての意義を有していると考えられる。

　また，コラボラの"さざん"が平日には毎日，開催されていることは，コミュニティとして養育者を"ホールディング"していく機能を果たしている側面もあるのではないだろうか。

　ちなみに，専門職よりも，ピアサポートの関係の方が養育者を支援しやすい場合がしばしばあることも指摘されている。たとえば，イギリスから始まり，世界的なひろがりを見せている「ホームヴィジティング」（たとえば，10代のシングルマザーのように，比較的共通の境遇を体験してきた少し先輩の保護者がボランティアとして家庭を訪問し，子育てや家事の支援を行

114

第 2 章　子どもとつながる，子ども同士がつながる，大人同士がつながる

う）の取り組みは，国際的にもその有効性への認識が高まりつつあるとされている。

　その理由としては，共通の境遇を体験してきた，子育てにおいては少し先輩であるボランティアからのサポートはお互いの共感関係が作られやすく，また，養育者の実際の状況にあった極めて身近な子育てのモデルともなるため，専門家以上の力を発揮することが少なくないことがあげられる。

　"さざん"でも，「利用者相互のピアサポート《"対等な支援"，同じ立場の人によるサポート》が生まれるように気をつけながら業務を行っているとされている。

　"さざん"の取り組みでとりわけユニークであると感じたのは，「ABスタッフ」と呼ばれる1日勤務2人のスタッフとは別に，子連れで2～3時間やってくる「Cスタッフ」と呼ばれる存在があることであろう。この「Cスタッフ」の存在によって「支援する側」と「支援される側」が明確に分かれてしまうことがなくなると同時に，比較的年齢が近い子どもを持つ親同士のピアサポートの関係づくりが促進されているように思われる。

　ちなみに，Cスタッフのほぼ全員が大学で開催されている「プレイセンター」のメンバーでもあり，その経験が，"さざん"の中で，子どもたちの遊びを活性化させたり，子ども同士の関係性を促進していくスキル，子どもの主体的な遊びの場をレイアウトするスキルにつながっており，保護者同士のピアサポートの力になっていることも見逃せないであろう。

　筆者は"さざん"の取り組みそのものはホームヴィジティング（家庭訪問）の事業ではないが，このCスタッフの存在がホームヴィジティングに近い機能を果たす可能性を生みだしていると考えている。

　また，Cスタッフの子どもを"Dスタッフ"と呼んでいるところにコラボラの豊かな発想力を感じさせられる。今日，少子化が進み，また，異年齢集団も成立しにくくなっているだけに，ほんの少し年上のお兄ちゃん，お姉ちゃん（逆に，少し年下の弟や妹的な存在）と出会い，一緒に遊べることはお互いの成長・発達にとっても大きな役割を果たしていると考えられる。

　また，"さざん"にボランティアにやってくる学生の存在や，「高齢社会をよくする北九州女性の会」の「グランマ」さんの存在など，異なる世代との関わりもあり，このような世代を超えた関わりが生まれることにも大きな意味があるのではないだろうか。

　今日，母親たちのグループが閉鎖的になると，小学校高学年の「私的グループ」のような「ボス」支配が生まれたり，「ママカースト」と呼ばれるような上下関係，支配―被支配の関係が生じることも少なくないとされている。そのことが「集団」に関わることへの不安や葛藤を若い親世代が抱く原因にもなっており，フリースペースなどには参加しても，自分たちが運営する「育児サークル」などは回避される一つの要因にもなっていると考えられる。

　しかし，このような多様な世代，多様な立場の人々が参加し，関わっている「開かれた集団」の中ではそのような問題は生じにくい。そのことも"さざん"の魅力の一つなのかもしれない。

　話は飛躍するが，現代社会における貧困問題は経済的な問題だけでなく，生きづらさや困難

115

第3部　コラボラキャンパスネットワークへの想い

さを支え合える社会関係資本の貧困をしばしば伴っている。すなわち，かつては経済的には貧しくても，長屋の暮らしのように，お互いの困難さを支え合う関係が存在していたが，今の時代にはそのような関係は特に都市部においては失われてしまっている。

　それだけにこのような世代を超えてつながれる場は，生きづらさに満ちた現代社会の中に，もう一度，生きづらさを支えあう"つながり"を再生していく取り組みでもある。

　このように考えていくと，コラボラの活動は経済資本を生みだすものではないが，コミュニティの中に「社会関係資本」を創造していく取り組みとして，その社会的意義を捉え直していくこともできるのではないだろうか。

第**3**章
# 学生による多世代交流活動

　2015（平成27）年に，コラボラ学生部が誕生した。コラボラ学生部とは，コラボラキャンパスネットワーク（以下，コラボラと略す）と共に活動を行っていく北九州市立大学の学生団体のことである。コラボラの理念に共鳴した学生が集まり，自主的に多世代交流活動を行っている。しかし，その活動はまだ全学的に広がっていない状況にある。その所属に関係なく，北九州市立大学の学生が自由な意思に基づいてコラボラ学生部として活動を行っていくことが望ましいが，まだまだその理想とする姿には遠い。それでも，コラボラ学生部設立に至る過程を考えると，学生たちにとって大きな一歩であると思う。本章では，私や学生たちが何を考えどのように行動してきたのかを振り返りながら，コラボラ学生部設立に至った経緯について説明していきたい。

## 1　地域創生学群の地域活動

　コラボラ学生部設立に至るまでの過程を語るためには，北九州市立大学の地域創生学群について説明しなければならないだろう。地域創生学群は，2009（平成21）年に設立された北九州市立大学の教育機関である。その主な目的は，地域の再生と創造に貢献できる人材の育成にある。東京や大阪などを中心とした大都市圏への人口集中が進み，地域には人口流出や高齢化などの多くの課題が噴出している。どうにかして解決していく必要があるが，地域の課題は単独では存在しえず，複雑に絡み合っている。このため，地域の課題を解決するためには，幅広い教養と地域に関する総合的理解を有する人材が必要になる。地域創生学群では，そのような人材育成を行うために，実際の現場での学びを大切にしている。この現場での活動こそが，地域創生学群の特色の一つである。

　地域活動の大きな目的の一つは，問題を総合的に理解する力を養うことにある。実際の現場にどのような問題があるかを知り，そして，その問題を解決するために何が行われているのかを体験することが重要である。しかし，体験しただけに終わってしまうのであれば，課題解決能力を養うのには不十分である。学生の立場で何ができるのかを考え，行動していく必要がある。そのために必要なものこそ，学問である。知識や理論を学習し，地域活動で得られた知見

第3部　コラボラキャンパスネットワークへの想い

と結合してこそ，真の理解へと繋がっていく。理論の修得だけでは不十分であり，現場での実践だけでも不十分である。理論と実践のバランスが大切である。

　2009（平成21）年度の設立時から私は地域創生学群に所属し，2010（平成22）年度から学生による地域活動の指導も担当している。当時から現在に至るまで様々な団体と連携しながら学生と一緒に活動を行ってきたが，自分たちの活動を支える重要な知識の一つとしてプロジェクトマネジメントを重視している。プロジェクトマネジメントとは，様々な知識や技術を用いてプロジェクトを成功させるための手法のことである。ただし，ここでいうプロジェクトとは，有期性と独自性を備えた業務を指している。有期性とは，期間が定まっていることであり，独自性とは，今までにない要素が加わっていることである。つまり，プロジェクトは，開始した時点と終了する時点があり，今までに行ってきたことと異なる新しい要素が加わっている業務のことである。例えば，新商品の開発である。その開発を始めようとした時点が存在し，必ず開発が終わる時点も存在する。そして，既存の商品とは異なる今までにない要素が加わっているからこそ，新商品と呼ぶことができる。このような新商品の開発と同じように，多くの地域活動もプロジェクトであると考えることができる。なぜならば，有期性と独自性が存在しているからである。

　地域活動の一つの例として，地域を活性化させるために夏祭りを企画することを考えてみよう。夏祭り開催に向けて，当然のように企画を開始する瞬間がある。メンバーが集まり，話し合いを重ねながら企画を進め，必ず，企画を終了する瞬間が訪れる。つまり，有期性がある。また，毎年開催している夏祭りだったとしても，毎年変わらず同じメンバーで同じ内容で実施しているわけではない。何らかの新しい要素を加えて，前回よりも良い夏祭りにしようと考えているはずである。つまり，独自性もある。故に，夏祭りの企画はプロジェクトと考えることができる。一般的に，誰かのために何かを行おうと企画する地域活動は有期性と独自性を備えており，プロジェクトと考えることができる。では，常日頃いつも行っている地域活動は，どうであろうか。地域活動のもう一つの例として，地域の交通安全の見守りパトロールや子どもに勉強を教えるボランティア活動を考えてみよう。始まりはあったとしても，一見，終わりがない活動のように見える。その意義を考えると，これらの活動は途中で止めることなく継続して行っていくべきであろう。しかし，どのような活動であったとしても，ある一定の期間，例えば1年間の活動と捉えて，終了後に振り返りを行うべきである。そして，振り返りの結果を踏まえて，新しい目標を立ててから次の期間に望むようなサイクルで考えた方がより良い活動になる。突き詰めて考えると，1回1回の活動の終わりに振り返りを行い，次の活動日には新たな目標を立てて行動するようにすれば，毎回の活動が1つのプロジェクトマネジメントの実践の場であると言ってもよい。日々の活動を漠然と行うのではなく，自らの目標を達成すべき終了日を設けて，絶えずより良い活動になるように自分自身を律していくことこそ，地域活動に必要な精神ではないだろうか。そう考えると，地域活動にはルーチンワークと呼ばれるものがほとんど存在しない。活動する個人の考え方次第ではあるが，ほとんどの地域活動は有期性と独自性を備えたプロジェクトと捉えることができる。

第3章　学生による多世代交流活動

　プロジェクトマネジメントの考えこそ，地域活動に欠かせない大切なものである。地域創生学群設立時から現在に至るまで，私の中でこの想いは変わらない。そして，このことを理解してくれる団体と連携していきたいと考えていた時に出会えた団体の一つが，コラボラである。

## 2　コラボラキャンパスネットワークとの出会い

　2010（平成22）年度に始めた地域活動の一つがコラボラとの連携である。恥ずかしい話であるが，当時の私は北九州市立大学に勤務していながら，コラボラの存在に気づいていなかった。北方キャンパスの芝生広場にて，時々，幼児が遊んでいる姿を見かけてはいた。しかし，コラボラとの接点がなく，その活動がミニプレイパークだったことは後日知り得たことである。当時，学生にプロジェクトマネジメントの考えを伝えていくことを決めてはいたが，その実践の場をどこにすべきか，どのような団体と連携を結ぶべきかを模索している最中であった。そのような時にコラボラと出会えたのは，ある同僚の先生のおかげである。

　悩んでいた私の相談に乗ってくれたその先生は，ミニプレイパークの場を借りて子どもを対象とした科学体験教室のような企画を一緒に開催することを提案してくれた。もちろん，そのアイディアに飛びついた私は，コラボラを紹介してもらい，「フシギ！サイエンスカフェ」開催に向けて動き出すことになった。「フシギ！サイエンスカフェ」とは，幼児から小学生までが楽しめる“あそび”を通じて，科学の力を体感してもらう企画のことであり，コラボラと共同で行った最初の学生企画である。このことがきっかけとなり，その後のコラボラとの連携が続いていくことになる。当時，連携先を模索していた私たちを快く迎え入れてくれたコラボラには，今でも本当に感謝している。学生たちに多くの活動の場を提供して地域活動の何たるかを伝えてくれただけでなく，私自身に地域マネジメントの目指すべき方向性を考える機会を提供してくれた団体である。コラボラの協力がなければ，今の私は存在していないと言ってもよいのではないだろうか。

　活動を開始したばかりの頃は，私にとってコラボラはプロジェクトマネジメントの実践の場を提供してくれる団体であった。もちろん，コラボラにとっても，学生が参加することによって多世代交流の機会が増えるというメリットがあると考えていた。しかし，一緒に活動し続けて，多くの関係者と会話を重ねていくにつれて，それだけではいられなくなっていった。プロジェクトマネジメントの考え方を身に付けてもらうことは，もちろん重要である。しかし，それ以上に地域への想いを胸に地域の人たちと一緒に活動することも重要であると考えるようになっていった。そして，どのような地域であるべきなのか，どのような活動に重きをおくべきなのか，学生たちと一緒に理想の地域とそこに至る道程を思考するようになっていった。

　地域には多くの課題がある。それは，過疎化だったり，高齢化だったり，商店街の衰退だったりする。その中の一つとして，少子高齢化や核家族の影響からか，地域活動への参加が次第に減っていっているという課題がある。この傾向が強くなると，住民個々の想いが大きくな

**119**

第3部　コラボラキャンパスネットワークへの想い

り，地域の連帯が薄れていく。それぞれの世代がお互いの考えていることが分からなくなって
いき，ますます地域住民の世代間隔離が激しくなる。お互いがお互いのことを分かり得ないだ
けでなく，分かろうとせずに自分たちの世代の考え方に固執し始める。それは，とても残念な
ことである。多くの世代が交流する機会を増やしていき，排他的になるのではなく，多様な価
値観を認め合いつつ纏まっていく地域像は，一つの理想ではないだろうか。その中心となるの
は，地域の未来を担うべき存在である子どもが相応しい。

　子ども時代に楽しい思い出がない地域で育ったのであれば，成長した時に積極的にその地域
に留まろうと思う人が増えるとは考えられない。自分を愛してくれる家族や地域の人たちに囲
まれ，楽しい思い出に溢れる子ども時代を送ることで，その地域に愛着を持つようになるので
はないだろうか。そのような人たちが増えてこそ，地域の活性化は成し遂げられると思われ
る。地域活性化には，多くの道がある。正解は一つではない。多くの道がある中で，子どもと
共にある笑顔こそが，正解にたどり着く一つの道ではないかと私は考えるようになった。その
ような考えに至ったのは，紛れもなくコラボラと一緒に活動した時間があったからである。

　最初から，地域に対する想い入れがある人たちは幸せである。その想いに素直に従って地域
活動を行うことができるからである。私は，子どものころから引っ越しを繰り返してきたせい
か，生まれ育った地域にそれほど愛着を持てずにいた。皆と一緒に地域活動をしたら楽しそう
だと漠然と考えてはいたが，行動に移すほどの勇気がなかった。正直，目の前の仕事を成し遂
げていくだけで，精いっぱいだった。それほど地域について考えられていなかった時に，私は
地域創生学群に所属して，同僚の先生に導かれつつ，コラボラと出会った。活動を続けなが
ら，その意味を模索していった結果，私はほぼ毎日のように地域はどうあるべきかを考えるま
でになった。この年になって今なお成長し続けることができるのは，本当に多くの人たちと出
会えたからである。中でも，コラボラの関係者との出会いは私の宝ものである。その感謝の想
いは，次代を担うべき学生たちに繋げていきたい。そのための活動を今後も行っていきたいと
考えている。

## 3　学生たちとの地域活動

　今どきの学生たちは難しい立ち位置に居る。ある程度の年齢になると，恥ずかしさが勝るの
か，学校での勉強や部活が忙しくなるのか，地域活動には参加しなくなる。かつての私と同じ
ように，自分のことだけで精いっぱいになってしまう。地域活動の大切さと楽しさを頭では分
かっていても，勉強やサークル，アルバイトなどで忙しく，自分の身近な問題として考えるこ
とができない場合が多い。私が担当する地域創生学群の学生にとって，地域活動は必須項目で
ある。しかし，やる気のない地域活動ほど，地域に迷惑をかけるものはない。このジレンマこ
そが，私と学生たちが体験した最初の課題である。

　「フシギ！サイエンスカフェ」のような企画当日は，学生たちも楽しんで活動している。し

120

かし，その準備段階には，やる気が見られない学生も居る。当然，その準備段階すら学生にとっては学びの機会である。「フシギ！サイエンスカフェ」を例にとって説明すると，第1回目の開催から変わりなく続いている目標の一つに，リスクマネジメントの理解がある。参加する子どもたちに危険なく快適に楽しんでもらうためには，事故があってはいけない。そのリスクを徹底的に排除していくことを，学生たちには準備段階で経験してもらっている。学生たちは，何度も何度も話し合いを重ね，企画案を練り直しながら準備を進めていく。真剣に考えて取り組むからこそ，企画当日の緊張感が生まれる。企画が成功し，子どもたちが危険なく楽しんでいる姿を見ることは，学生たちにとって大きな喜びとなる。もちろん，企画立案の段階でリスクマネジメントを考えるだけでなく，実現可能性を正確に見積もることの難しさや，チーム内で上手く連携を取りながら作業を予定通り進めることの重要性も学んでいく。

　自分の学びに繋がると分かっていても，地味で時間のかかる作業や度重なる企画内容の見直しにやる気を失っていく学生がいる。そして，地域活動への思い入れが強い学生は，そのような仲間の存在に悩み苦しむ。一方で，やる気のない学生もそのような自分に苦しんでいるのである。学生間の温度差は，いつも難しい人間関係を作り出していく。地域活動を必修化している地域創生学群の学生だからこそ，起こり得る現象である。この解消はとても難しい。指導教員としてできることは，学生に語り掛け続けることである。時には，学生たちと一緒に汗をかき，行動で示すこともある。今は分からなくても，いつかきっと分かってくれる時が来る。そう信じて，語り掛け，行動し続けるだけである。

　やる気のない学生や，やる気はあっても失敗してしまう学生は，一緒に活動を行う地域の人たちに迷惑をかけてしまうことがある。実際に，多くの関係者に何度も迷惑をかけてしまった。その度に，時には厳しく，時には温かく助言してくれる協力者は，本当に有り難い存在である。私だけでは学生のすべての活動を見守り続けることができない。コラボラには，学生に学びの場を提供してもらうだけでなく，私の足りていない部分をいつも補っていただいている。もちろん，全てを任せっきりにしているわけではない。いつも全力で学生の指導に当たっているつもりである。教員という立場ではあるが，同じ地域活動を行うメンバーであるという認識に立って，常に行動することを心がけている。

　高い理想を掲げて，自分自身がその水準に辿り着くことを要求する。しかし，そこに到達できない今の自分を許すことが大切である。多様な価値観を認め合い，地域活動への温度差を許容する。課題に取り組むのは誰かの責任ではない。チーム全体の問題として取り組み，いつでも皆で助け合う。自分の幸せだけを追い求めるのでなく，地域の幸せも追い求める。そのようなチームを目指して，何度も学生たちと一緒に議論を重ねて行動してきた。その結果，2016（平成28）年2月14日に開催された第9回地域創生フォーラムにて，私と一緒に活動している学生たちが「地域活動賞」を受賞している。この結果は，受賞した学生たちだけの成果ではない。すでに卒業している学生たちも含めて，多くの学生が紡いでくれた想いがあったからこそだと私は信じている。

第3部　コラボラキャンパスネットワークへの想い

# 4　コラボラ学生部

　2009（平成21）年に地域創生学群が設立してから今日に至るまで，多くの学生と一緒に地域活動を行ってきた。その一人ひとりの学生と共有した時間は，私にとって忘れようのない思い出である。楽しい思い出もあれば，苦い思い出もある。学生と話したことは，今でも忘れない。もっと違う言い方はできなかっただろうか。あの時の言動は正しかったのであろうか。今でも当時の夢を見ることがある。きっとこれからも見続けるであろう。その都度，当時を振り返り，今とは違う可能性を考えてしまう。それで良いと私は思っている。あの時の言動を忘れないことが，より良い自分を形成すると信じている。

　学生との思い出は尽きないが，コラボラ学生部設立に繋がる印象的な出来事が二つある。一つは，コラボラとの活動を停止していた時のことである。地域創生学群の方針において，2014（平成26）年度から私が新しいプロジェクトの指導を担当することになったため，学生たちは今までと同じ様にコラボラとの活動を続けることができなくなってしまった。当時の学生たち全員が4月から一緒に新しいプロジェクトの活動を始めていたのだが，ある時に一人の学生が個人的にコラボラの活動に参加してよいかと私に相談にやってきた。あの時の感動を私は忘れることができない。

　私は，多くの地域活動を通じて，学生たちに授業の一環だから参加するのではなく，その必要性を理解した上で自分たち自身の問題として取り組んでほしいと伝えている。自主的な想いこそが活動の原動力である。だから，活動を停止したとしても，誰かがきっと個人的にコラボラとの活動を再開してくれるのではないかという微かな期待を持っていた。その瞬間が来たのである。その後，多くの学生が触発されて，コラボラとの活動を再開していった。結果として，新しいプロジェクト活動に加えて，コラボラとの活動を続けていくことになり，学生の活動にかける時間は大幅に増加してしまった。それでも，誰一人不平不満を私に伝えることはなかった。その後，当時の学生たちは自分たちが個人的に活動するだけでなく，新しく入学してくる学生にもコラボラとの活動を勧めていき，今では当たり前のようにチームで連携活動を行っている。あの経験があったからこそ，学生たちは真の意味において地域活動の自主性に気づくことができたのだと思う。

　もう一つの印象的な出来事は，2015（平成27）年にコラボラ学生部が発足した時のことである。コラボラとの活動が始まってから，一貫して学生たちに伝えてきたことがある。それは，地域創生学群の活動の枠組みの中だけで行っていては駄目だということである。本当にその活動に意義を見出しているのであれば，その想いを繋げていかなければならない。多くの人たちを巻き込んで，その活動のネットワークを広げていくべきである。具体的には，北方キャンパスにある他の学部の学生と一緒に活動を行うことを考えていくことである。

　コラボラは，主に北九州市立大学の北方キャンパスで活動を行っている。そうであれば，北方キャンパスに通う学生にもっとコラボラの活動に興味を持ってもらいたい。もちろん，強制

122

することはできない。しかし，当時の私と同じように，興味関心を持っていながらも活動していることに気付いていない学生もいるはずである。もしかしたら，気付いているけれども，一歩踏み出す勇気がないだけかもしれない。だからこそ，学部間の壁に隔てられることなく，多くの学生に参加を呼び掛けていく必要がある。一部の学生だけで集まって活動していてはいけない。外国語学部，経済学部，文学部，法学部，地域創生学群などの区別なく，多くの学生がコラボラと活動を共にできる環境を整えていくことが重要である。

　分かり合える居心地の良いメンバーだけで活動するのは楽しいかもしれない。しかし，それだけでは不十分である。地域の幸せを考えるならば，あえて一歩踏み出していくことが大切である。地域創生学群の学生有志による活動から，全学的な学生の活動に広げていくことを考えていかなければならない。そのためには，どのように行動すべきであるか。私はそのことをずっと学生に問いかけ続けてきた。理想には共感してもらえても，実際の行動に移行することはとても難しい。歴代の学生たちがなかなかその一歩を踏み出すことができないまま，北九州市立大学を卒業していくことになった。そのような状況の中，ついに自主活動団体の立ち上げを企画した学生たちが現れた。その結果が，コラボラ学生部である。真の意味での自主的な活動への変換の瞬間である。私から離れて動き出した学生の存在に少し寂しい思いもあるが，そこまで考えて行動してくれる学生が現れてきたことは，本当に嬉しい。現実的には，まだまだ目の前のことに精一杯であり，理想には，ほど遠い状況かもしれない。それでも，勇気をもってその一歩を踏み出した学生たちにエールを送りたい。これからも，きっと多くの困難なことが待ち構えていると思われる。しかし，想いを繋げていけば，いつかはその想いを実現できる時が来るであろう。その時を信じて，前を向いて自分の信じる道を進んで行ってほしい。

第4章

# 「子どもの遊び場づくり」を通して家族が成長するプレイセンター

　多様な子育て支援の取組のなかで，各自治体の多くが「サークル支援」をしている。子育ての情報があふれる中，本当に必要なものは，ネットにある情報ではなくて，人と人のつながりの中でもたらされる「生活知」や，互いの支え合いを通して感じることのできる「ひとりではない」という実感かもしれない。その実感が，子育ての不安をやわらげるからである。そうしたつながりのきっかけとなる「子育てサークル」は，現在どのような現状なのだろうか。

　「サークル支援」のあり方については，市内各市民センターでの会場確保や，担当課による活動費助成，サークル情報の一元化などいろいろあるが，ともすれば，子育て中の親自身を「お客さん」にしてしまい，支援者サイドが主となる支援に陥ることも少なくない。この章では，Bee と GGP が協働で取り組むサークルのあり方のひとつ「プレイセンター活動」の可能性についてまとめてみたい。

## 1　プレイセンターとはなにか

### ■ 1.1　北九州市内初のプレイセンターが北九州市立大学ではじまる

　2010（平成 22）年 2 月，Bee と GGP は，協働でプレイセンター活動をはじめた。このプレイセンターの名前は，従来，「ひまわり」が開催してきた，「ハロハロカフェ」の場所を活用することから「プレイセンター・ハロハロ」と名づけた。コラボラキャンパスネットワーク会議で事業計画を提案し，了解を得て，次年度の条件を整備した上で，説明会を実施し，入会を希望した 14 家族でスタートした。説明会資料には，下記のような内容を掲載した。

（1）　プレイセンター（Playcentre）とは
プレイセンターはニュージーランド生まれの子育ての場です。
子どもの自由な『遊び』と学び合う親たちの『自主運営』による活動です。ニュージーランドでは 70 年以上の歴史を持つユニークな活動です。国内では，東京国分寺市の「プレイセンター　ピカソ」をはじめ，静岡県や北海道恵庭市で開催されています。九州では，この〈プレイセンター・ハ

第3部 コラボラキャンパスネットワークへの想い

図1　プレイセンター活動　紹介チラシ

ロハロ〉が初！です。

　日本プレイセンター協会　ホームページ http://www.playcentre.jp/

(2)　プレイセンターの目的

　プレイセンターでは子どもも大人も楽しみながら，共に成長していくことを目指します。
・0歳から6歳の子どもに「自分で選ぶ遊び」を通して学ぶ場を
・親に「学習コース」やセンターの運営の実践などの学習機会をつくります。

　子どもはおかあさん，おとうさんといっしょにプレイセンターにやってきます。そして，ちょうど家にいるのと同じように，自由に探検しながら，いろいろな遊びにチャレンジしていきます。

　おかあさん，おとうさんは，そんな子どもたちといっしょに遊びながら，親として学びます。子どもの〈やりたい〉ことを感じ，大人が力をあわせて遊び環境をつくっていく体験は，必ずその後の子育てに大切なものを得ることができると思います。

(3)　プレイセンター・ハロハロの活動内容

　　・遊びのセッション（週1回）……金曜日の主に午前
　　・親のための学習コース（託児付・年5回／託児なし・年5回）
　　テーマ例は「プレイセンターの理念」「日本におけるプレイセンター」「プレイセンターの遊び」

126

第 4 章 「子どもの遊び場づくり」を通して家族が成長するプレイセンター

図 2 ごっこ遊びの様子

「子どもの安全と衛生」「センター運営に必要な技術」などです。その他，必要なテーマで行います。
・運営のためのミーティング（必要な時に，遊びのセッションの日の午後に行います）
・通常のハロハロカフェ（月 2～3 回）とミニプレーパーク（月 1 回）……水曜日

　説明会を主催する側も，初めての事業なので手さぐりの部分もあった。説明会資料を読んでも，従来の「子育てサークル」とどう違うのだろう……という感想もあったように思う。日本プレイセンター協会の協力も得ながら，テキストを読みながら，コツコツと実践・運営を積み重ねていった。

### ■ 1.2　プレイセンター活動の，サークル・フリースペース（子育て広場）との違い

　その後，定員を 20 家族とし，登録メンバーは，転勤や卒業はあるものの，常に 20 家族程度で活動し，2014（平成 26）年春，5 年目となった。大学構内で，会場費免除で使用，おもちゃや必要備品，外遊びの道具等も置かせていただくという，基盤となる支えをいただいている。そんな大学構内での活動に，主に小倉南区を中心に，幅広い地域から，水曜日のハロハロカフェ（不特定多数対象），金曜日のプレイセンター・ハロハロ（プレイセンター登録メンバーのみ）と定期的に通ってきていることで，活動した親たちは，何を感じたのだろうか。1 つ目の視点として「プレイセンター活動の，サークル・フリースペースとの違い」で整理してみる。

　通常のサークル活動は，地域のなかで継続されていくのは難しい現状がある。子どもの育ちにあわせて，メンバーがどんどん循環し（近年，そのスピードも速い），なかなかメンバーシップを育みにくい。また，地域の市民センターの支援者やボランティアがサポートすると，そのやり方によっては，子育て中の親が受け身になってしまうことも多い。うまくいかないサークルについての体験を問うと，「価値観があわないと大変」「運営が難しい」という声も聞

図3　親の「学びあい」の様子。この回のテーマは「会議のすすめ方」

く。子育て期に，力をあわせて子どもを見守る「成功体験」ができれば親自身も成長するし，その後の様々な場面での親同士の協力もうまくいくことが多いだろう。しかし，実際は「関わり」自体を避ける世代も増えており，そうしたプラスの体験が難しくなっている。また，一方で，北九州では，メンバーが固定化しない&いつ行っても帰ってもいい『フリースペース』という場所がひろまり，「広く浅く」の関係も可能となり，サークル自体が以前より衰退しているという現状があった。

　こうしたサークル・フリースペースと，プレイセンターとの違いについて，参加者は以下のように語っている（Bee主催，プレイセンター・ハロハロ体験者による2014（平成26）年3月のワークショップでの意見から）。

＊フリースペースについて
・楽にいける。
・口出ししたいけど　言えない　いろんなお母さん方がいる（コワイ……）
・子どもをみていない人もいる。
・ママトラブルが起こる。口論の現場も目撃した。
・いつも違う人がいるので，苦手。気を使う。
・支援者が"ふるまい"をすると，数が足りなくて親からクレームも出ることもある。
・支援者ががんばってしまう。
・発達しょうがいの子どものときは，いっしょのことができないので，サークルより気楽かも。

＊サークルについて
・大きな行事をするとき，一方的に命令のメールが来たことがある。
・ママ友ってあまり深く入るといけない？
・（仲のいい人で集まるので，人間関係が）できあがっている

第 4 章　「子どもの遊び場づくり」を通して家族が成長するプレイセンター

・親がうまくいっていないといけない。


＊プレイセンターについて
・メンバーが決まっている　ニックネームがある
・一体感がある
・発達障害があっても大丈夫かも
・自分たちで運営しているので，主体性がある。→ "自分たちの場" という思い入れ
・決まった時間なので，最初から予定にいれておく。
・安心感がある。
・自分の子だけをみていない。他の子もみている。

　子どもが思い切り遊べて，親子ともに安心できる場であるためには，大人の関係性が重要になってくるが，フリースペース，子育てサークルには，（運営の工夫がなにもない場合は）緊張感が高まることも多いようである。


## ■ 1.3　プレイセンターの魅力

　また 2 つ目の視点として，参加者が感じた「プレイセンターの魅力」とは何だろうか。プレイセンター・ハロハロ参加者による 2012（平成 24）年度・2013（平成 25）年度レポートからまとめてみる。

大事なことを共有している
・プレイセンターの理念のように 1 つの柱を共有している安心感があれば，何かの事態にも揺るぎなく対応しやすい。逆にいうと，信頼関係がなければ，無難な関わりで止まってしまうことに気がついた（プレイセンター以外の場所で特に実感する）。

子どもの視点で遊びをみる
・子ども目線で遊びを見ること。というのが分かってきた気がします。
・どうしても大人は遊び方を知ってしまっているので，子どもが違う遊び方をしていると正そうとしてしまいます。ですが，違う遊び方をしていてもプレイセンターでは「そんな遊び方もあるのねー」という見方をするので，それでいいんだなと思うようになりました。正しいという遊び方はないということに気付きました。
・子どもは安心して遊びに集中できるようです。また異年齢のお友達を見習ったり，世話をしてみようとする姿を見ると，成長を感じて私も嬉しくなります。
・子どもの成長を信じて『見守る』ことがいかに重要かという点。
・プレイセンターに参加して得た視点はいくつかあるのですが，その中から一つ挙げるとすれば，「子どもは遊びの中で成長する」ということです。例えば，ただボールを転がすという行為を

129

とっても，大人から見たら「遊び」の分野に入らないことの中で子どもはあらゆる発見をし，繰り返すことで何かを学びとっているということ。また様々な遊びの中から自分のやりたいことを「決定」することが成長の過程だということ。子育てをしていく中で，何気なく与えていたおもちゃが子どもの遊びを制限していたのではないかと気づかされたりもしました。そして，子どもの「遊びたい」という欲求を潰してしまわないように危険因子を排除しつつ，見守ることが大人にとって大事だということ。子どもの「遊び」を見守る大人になろうと思っています。

- （プレイセンターで得たものは）子ども目線という点が一番だと思います。「危ない」からと何もさせないで終わるより，まず，安全という環境を整えた上で（状況にもよりますが），させてみる。親の思った通りの遊び方を押し付けない。など，まず子どもが何をしているか，何をしたいか観察するという事が大切だなぁと感じているところです。

### 決まったメンバーが集う

- 毎週決まったメンバーで集える

- 見学に行く前は，ママ友サークルに似てるのかなと思っていましたが実際，見学に行くと子ども主体で母親達はサポート役として，いかに安全に，のびのびと遊ばせてあげられるかといった雰囲気で，とっても良いなあと思いました。

- 他の親子との信頼関係ができてくると，多少踏み込んだ関わりができる（自分の子に接するように注意したり叱ったり抱きしめたり）。特に親同士の関係は重要だと思う。

- プレイセンターは魅力いっぱいで何から挙げたらよいか迷いますが，行くと何でも話せる気の置けないメンバーと会うことができ，先輩ママや月齢の近いママに子育ての悩みを話すことができ，まずは私自身が楽しく通うことのできる場所です。そして，子どもにとっても毎週同じお友だちと同じお部屋で遊ぶことでより安心できることと思います。

### みんなでみんなの子どもを見守る

- 支援センターのように，自分の子だけをみていればいいわけではないので，視野が広がっている気がします。他の子をみると気付くことも多いし，逆に我が子をみてくれて，「○○くん今日は○○だったね〜」とか教えてもらえ，自分では気付いてないことも分かるので，複数の大人の目があるところがいいです。

- 異年齢で集まることで，我が子がどのように成長していくか，が擬似体験できる

- 我が子よりも下の月齢の子どもの親に多少ながらアドバイスできる

- 個人では出来ないことも皆で出来る。

- 色んな親子に会うことで，発見や共感がある

- 20組という限られたメンバーであるので，子どもにとっても安心感があると思う。みんなのこどもたちにも愛着がわくし　成長も楽しみ

- いつも，子ども達の様子を誰かが見てくれており，違った角度から子ども達を知る事が出来ます。

第4章 「子どもの遊び場づくり」を通して家族が成長するプレイセンター

図4　手づくりサンドイッチ会

・子どもと大人の関係だけでなく，大人同士，子ども同士と関わりを持つ事で，大人は情報交換やおしゃべりをしてストレス発散を。子どもは，より一層の遊びの広がりや仲間との関わり方などの社会性を学ぶ事が出来る。

学びがある
・考える機会を持てる
・親自身の学習の機会がある
・定期的な学習会や情報のシェアも魅力的
・いろいろなお母さん方から，アドバイスを貰えたり，学習会や講習会で今まで知らなかった事を知る機会を得る事が出来ます。
・親が学習をすることで，子育てだけではなくその他ジェンダーだったり，実は子育てが社会にしっかりつながっているということを感じることができました。
・先輩のお母さん方から，アドバイスを貰えたり，学習会や講習会で今まで知らなかった事が分かり，いつもその一言に救われ，自信も付きます。

親の成長と支え合い
・他の親との関わりを密にする事で，親自身が成長していける
・子どもの発達は親自身の生き方からも影響がある
・親自身の得意な事を発揮，発表できる場がある。
・プレイセンターは同じ方と定期的にお会いすることで，長い時間をかけて，子どもに対する悩みに共感していただけやすく，母親の気持ちが落ち着き，問題に冷静に向き合えるようになると思いました。

協働で運営
・受動的ではなく能動的であるところ。提案や話し合いなどによって進んでいくし小さな意見も反

第 3 部　コラボラキャンパスネットワークへの想い

> 映されやすい。矛盾するが　スーパーバイザーがいてくれるのでどこか頼ってしまう気持ちがあ
> ると思うけれど，心の安心につながっている。
> ・魅力はやはり，居心地のよい空間であり，その空間をみんなで作っていくというところです。一
> 人の力ではできない，プレセンメンバー一人ひとりが考え，行動することによって成り立ってい
> る空間だと思います。

プレイセンターの運営には日本プレイセンター協会認定の「スーパーバイザー」が必要であ
るが，その他，子どもの発達や遊び場の運営等を学ぶテキストを使うことで，メンバーが大事
にしたいことを共有しつつ，子ども目線での活動が展開できていくことがわかる。こうしたグ
ループ活動の体験をしたメンバーは，地域での活動や，幼稚園・保育園での交流に，不安が少
なく，積極的な姿勢になっていくことを実感している。


## ■ 1.4　プレイセンターでの成長をコラボラキャンパスネットワーク活動に活かして

前項で述べたように，プレイセンターの活動は，親自身を主体的・積極的な姿勢に変容させ
ていく可能性を持っている。実際，プレイセンターメンバーが「ひまわり」スタッフになり，
当事者が運営する子育てフリースペースである「ハロハロカフェ」運営の担い手になることも
多い（その逆の参加もある）。

また，コラボラキャンパスネットワークでたちあげている「コラボラキャンパスネットワー
ク親子ふれあいルーム実行委員会」が運営する，市の事業「小倉南区親子ふれあいルーム "さ
ざん"」の運営では，当事者スタッフとして，常に，子育て期を過ぎたスタッフを頼もしく支
えてくれている。「お客さん」になるのではなく，親自身が協力してつくりあげる「親子ふれ
あいルーム」の雰囲気づくりに参画して，当事者ならではの視点に気づかせてくれる。また，
プレイセンターで遊びこんでいる子どもが楽しそうに遊ぶ様子が，初めて "さざん" に来た，
小さな子どもたちの誘い水になることも多い。コラボラキャンパスネットワーク事業の一つで
あるプレイセンターでの実践は，人材育成の面でも，学外に向けてつながりを生んでいる。


## ■ 1.5　プレイセンターの特徴

ここまでを整理すると，従来の「子育てサークル」活動との違いは以下のようにまとめるこ
とができる。

### 1.5.1　プレイセンターの 3 つの活動

・自発的な遊び→遊ぶことは子どもの生活そのもの・子どものしごと。
・親の学び→テキストを使って託児つき学習会と，託児なしのミニ学習会を開催。

図 5 大切にしている外遊び

・協働運営→いろいろなことを，みんなで話し合って決めていく。

### 1.5.2 他の子育て支援活動との違い

・親自身が担い手になる。「親」だけ，「子ども」だけ……片方だけへの支援ではない。
・「講座」だけ，「体験」だけではない……学びと実践が連動している。
・親と子どもの関係性の支援になっている。
・親を子どもの最初の教育者としてとらえている。
・支援者は正面に出るのではなく，側面支援・よりそう。

### 1.5.3 これまでのサークル活動との違い

・必ずスーパーバイザーがいる。
・テキストがある（大事にしたいことを共有できる）。
・親の学びの時間があるので，運営が難しいときに，メンバーで解決していける。
・継続性を持ちやすい。

## 2　プレイセンターを地域に拡げる試み

　こうした特徴を持つプレイセンター活動のノウハウを活用して，地域でのサークル活性化に役立てることはできないだろうか？　Bee は，2013（平成 25），2014（平成 26）年度の北九州市地域福祉振興基金に応募，採用され，プレイセンターを大学構内から，地域に拡げる試みを続けている。
　これまで子育て支援活動は，たとえば親のための子育て講座や託児つきのイベントは，
　　・親子いっしょの活動ではないので，実践・体験の中で学びにくい
　　・子育てに関する学びがあっても，組織運営，マネジメントに関する学びではないのでサー

図6　みんなでつくりだす遊びがいっぱい

クル運営で課題にぶつかっても，解決が難しいという課題があった。そこで，小倉南区長尾と戸畑区中原で，地域の方の理解を得て，プレイセンター活動をはじめた。まずは，支援者も含めた保護者への説明会を実施し，地元の子育て中の方と，プレイセンター・ハロハロの参加者が，子どもを遊ばせながら，交流会で話し合う。地域で関心を持った方に，立ちあがったプレイセンター活動に参加してもらう。その後，年度末に複数のプレイセンター活動者が集まって交流する，という内容である。

2015（平成27）年4月には，小倉北区霧丘でも，従来のサークル活動が，プレイセンター方式で再出発し，プレイセンター・元気キッズとして活動を続けている。すこしずつではあるが，地域の方をまきこみながら，プレイセンターの展開が拡がっている（2016（平成28）年11月現在は，戸畑区中原のプレイセンターは，スーパーバイザーの事情で，プレイセンター方式をとっていない。しかし，こうした市内プレイセンターを対象とするBeeの中間支援の取り組みは，2016年度もプレイセンター交流会，スーパーバイザー交流会として続いている）。

本当は子育て仲間を求めているのに，親が主体となるサークル活動として，なかなかよい循環にならず，また継続性にも課題があったやり方に，プレイセンターのしくみが新たな可能性を切り拓いている。

子育て期のこのような協働体験は，子育て中の親を「地域でのお客さん」にすることなく，「地域づくりの主体」に成長させていくことだろう。子育て期に多様な立場の親が協力することで，子どもを尊重し，子どもの育ちのために，大人が子ども視点で環境を育んでいく実践を生むだろう。

大学で支えられた学びと実践を，大学構内で留めず，地域で活かしてこそ，コラボラキャンパスネットワーク活動の実りと言えるのだと感じている。

第**5**章

# 小倉南区親子ふれあいルーム "さざん"

## 1 親子ふれあいルームとは

　2007（平成19）年，北九州市長選の際，現市長がマニフェストで「乳幼児のための子育て広場を地域に設置します」と発表したのを，コラボラキャンパスネットワーク（以下，コラボラ）の関係者たちは聞き逃さなかった。すでに，コラボラの活動は活気を増し，関わっているボランティアたちもそれぞれの地域で子育て支援を熱心に展開していた。しかし，市民センターでのフリースペース（未就園児親子が開所時間に自由に遊びに行ける場）は月1〜4回の開催で，時間もほとんどが午前中までだったので，物足りなさを感じていた。

　子育て中の親子からは，「毎日夕方まで開いていて，お弁当も食べられる場所があったらいいな」という声は多く聞かれていた。すでに全国には，厚生労働省が推進する「つどいの広場事業」が広がっており，いつ北九州市が「地域子育て支援拠点事業」[1]に取り組み始めるのか期待をしていたところだった。

　北九州市の「子育てひろば」は「親子ふれあいルーム」という名称で，各区に1ヶ所ずつ設置されることとなり，2008（平成20）年11月より八幡東区を皮切りに順次開設されていった。小倉南区は2010（平成22）年2月の開設だった。

　「親子ふれあいルーム」は，子育ての不安感を緩和し，子どもの健やかな育ちを促進するため，子育て家庭の親とその子どもが気軽に集い，相互に交流を図る場として設置されている。利用時間は平日の10時から16時で，利用対象は概ね3歳未満の乳幼児及び保護者。利用料金は無料。

　具体的な委託業務内容は，①子育て親子の交流の場の提供と促進②利用者からの子育て等に関する相談への対応，援助の実施③地域の子育て関連情報の収集と提供④子育て及び子育て支援に関する講習・講座等の実施⑤利用者の安全確保⑥親子ふれあいルーム利用促進のための広

---

　1）地域子育て支援拠点事業とは，従来から制度上では「つどいの広場」「地域子育て支援センター」として位置づけられ，2007（平成19）年度に児童館併設型を加えて再編・統合された子育て支援事業を指す。

第3部　コラボラキャンパスネットワークへの想い

報・集客活動⑦地域における子育て支援への取り組み⑧地域の子育て支援関係団体等との連携⑨ブックスタート事業の実施，となっている。

　地域子育て支援センターは，地域における育児相談や育児サークル等の支援を行う中核的施設として国の少子化対策（エンゼルプラン）に整備目標が挙げられ，1995（平成7）年度から保育所などに併設されてきました。一方，つどいの広場は，1990年代後半から子育て当事者や子育て経験者が，草の根的な市民活動として取り組んできた「ひろば」活動に端を発しています。「ひろば」とは，孤立しがちな親子が自由に集い，交流し，お互いに支えあうような居場所づくりが原型になっています。2000年代に入ると先駆的な実践団体がNPO法人化され，商店街の空き地や民家などを活用した「ひろば」が各所にみられるようになってきました。このような動向をふまえ，2002（平成14）年に制度化されたのがつどいの広場です。

　2004（平成16）年に国が発表した「子ども・子育て応援プラン」では，子育て支援の拠点として両事業が位置づけられ，整備目標が挙げられたこともあり，施設数は着実に増えてきました。その数は，2009（平成21）年度で5,200ヶ所あまりに達し，児童館の設置数を超えています。そして，先述のように2007（平成19）年度からは「地域子育て支援拠点事業」として再編・統合されました[2]。

## 2　コラボラキャンパスネットワークが応募したわけ

　市の施設でコラボラの活動を広げることができるなら，自分たちのノウハウを活用してもらい，子育てしやすい地域づくりに参画できるのではないか。平日は毎日開所していて，昼食も自由に食べることのできる場は，とてもやりがいのある場になるのではないか，と話し合いを進めた。各区に1ヶ所ずつ設置されるなら「小倉南区でやりたい！」と決め，コラボラの中か

---

[2]『地域子育て支援拠点ガイドラインの手引』渡辺顕一郎・橋本真紀編著，NPO法人子育てひろば全国連絡協議会編集，中央法規（2011年11月20日　初版発行）

ら実行委員会を立ち上げた。それが「コラボラキャンパスネットワーク親子ふれあいルーム実行委員会」の始まりだった。

市の運営業務委託に応募し，沢山の資料を前に目が点になりながらも，半年以上の時間をかけてプレゼンの準備を整えた。たった10分でコラボラ活動の思いを伝え，選考委員にPRするのは本当に大変だったが，私たちの熱意が伝わったようで，めでたくプレゼンで1位を取り，開設の運びとなっていった。「小倉南区役所」に隣接する「小倉南生涯学習センター」1Fに「小倉南区親子ふれあいルーム"さざん"」はある。区役所や母子保健事業との連携がとりやすく，2Fには図書館もあり，多くの親子が気軽に寄れる利便性のよい場所となっている。その後，3期目も委託し，運営を続けている。

## 3　運営で大切にしていること

コラボラメンバーが北九州市立大学で運営するハロハロカフェに来ると，まず感じるのは，子育て中の親自身が支援者と一緒に自主的に活動している点である。子連れだから"してもらう"，支援者だから"してあげる"という関係性ではなく，同じ立場で，やりたい人がやりたいことを楽しんでいる場といえる。これは1998（平成10）年から活動を続けている「ひまわり」の活動が源流にある。"さざん"でも，親の力を尊重した安心できる居場所づくりがしたいと考えている。利用者相互のピアサポート《"対等な支援"同じような立場の人によるサポート》が生まれるように日々の対応に気をつけながら業務を行っている。

"さざん"には，「ABスタッフ」と呼ばれる1日勤務2人のスタッフとは別に，子連れで2～3時間遊びにやってくる「Cスタッフ」というメンバーがある。コラボラの活動に関わっている親子を対象にしており，"さざん"の雰囲気作りに大いに活躍してくれている。子どもを連れた同じ立場の人同士はとても交流しやすく，ちょっとした悩みや子育てのアイデアなど，実に多くの会話が生まれている。Cスタッフの生き生きした様子を見ていると，子育ての一番の支援者は同じ立場の人である，とよく理解できる。ちなみにCスタッフの子どもは「Dスタッフ」と呼ばれていて，利用者同士をつないだり，遊びを盛り上げたりしてくれることもしばしばである。

次に，コラボラといえば，なんといっても「多世代交流」。大学の中での活動を生かし，学生がたくさん参加してくれている。加えてシニア世代の方たちも「子ども・子育て」のテーマで活発に参加してくださっている。"さざん"にも，ぜひその楽しい雰囲気を作りたいと考え，遊びに来てもらう機会を作っている。

子どもたちは，お兄さんやお姉さんと遊ぶのが大好きである（子ども同士と思っているのかもしれない）。学生も，近い将来，親の立場になる人もいるだろうし，子どもを持たなくても社会の一員として「子育て」に何かしらの関わりを持ってもらいたいと願っているので，"さざん"での体験を生かして，子どもと過ごす将来を楽しみにしてもらいたいと思っている。

　また，「高齢社会をよくする北九州女性の会」の「グランマ」さんたちと，2ヶ月に一度「グランマDAY」を行い，利用者と交流する場を持っている。これは「おばあちゃんの知恵袋事業」として利用者に好評である。おかず作りのヒントや，姑との付き合い方のコツなど，楽しい話題がいっぱいとなっている。

　中でもグランマさんの「大丈夫よ！　どの子もそうなのよ〜」というホッとする一言は，日々の子育てにイライラしがちな親にとっていいガス抜きになるようだ。人生経験者のアドバイスは何かとうなずけることが多い。

　スタッフ全員も，それぞれの居住地域で何かしらのボランティアをしている。"さざん"の情報を地域に届け，同時に地域の情報を"さざん"に持ってくることで，親子ふれあいルームと地域の循環が起こるように工夫をしている。子育ては地域のつながりがとても大切である。"さざん"に遊びに来た方が，地域の市民センターや子育てサークルに足を運ぶようになってくれるのは嬉しいことである。

　こんなふうに"さざん"では，子育てを生活の一部としてとらえ，いろんな世代の方が交流し，行政を含め多くの支援団体などと交流することで，子育てが日常につながるようにと願っている。子育て支援は，乳幼児を抱える親たちだけでなく，地域の皆さんで取り組んでいけるように，また，親子に優しい地域になっていくよう，"さざん"がお役に立てればと思っている。

## 4　学生やボランティアとの関わり

　北九州市立大学のキャンパスで子育て支援活動ができるという利点を，"さざん"に活かさない手はない。学生たちに気軽に遊びに来てもらい，同時に学びの機会になるように，"さざん"ではグループ研修の機会を作っている。施設の概要を説明する他，子どもの遊びについて簡単なワークショップを行っている。自分の子どもの時の遊びを振り返ってもらい，乳幼児期の遊びについて大事なことを考えてもらうことから始め，"さざん"の環境整備を実際に見て

第5章　小倉南区親子ふれあいルーム "さざん"

もらうことで，どんなおもちゃがよいのか，どういうことにこだわって運営しているかということを話し合う。

　学生は小さい子どもに触れる機会がほとんどない様子で，最初はどのように遊んだらいいか戸惑っているが，「かわいい！」「見ていておもしろい」「お母さんは大変そう」といろいろ興味がわいてくるようだ。子どもとのコミュニケーションは，簡単そうで難しいところがある。言葉でのやり取りができない幼い子に，どう話しかけていいか経験が必要といえる。それでも，学生がそれぞれに工夫をしながら子どもと関わっていく姿は，見ていて微笑ましい。

　研修後には，自主的にふらりと遊びに来てくれる学生が増える。子どもと遊ぶ他にも，おもちゃの消毒や片づけを手伝ってくれることもあり，スタッフはとても助かっている。何か自分にできることを探して関わっていく……素晴らしいボランティアの姿勢である。

　"さざん" の室内を，親子だけでなく，いろんな世代や立場の方が自由に行き来することは，とても大事なことだと思っている。子育ては母親だけがするものではない。まわりにいる人たちが気軽に関わってくれるような，そんな場所が必要なのだと思っている。

　最近の学生は，結婚や子どもをもつことを億劫に思っていると聞くが，子どもの可愛らしさや，子どもと過ごす楽しさが体験できていないだけなのかもしれないと，"さざん" に来てくれる学生を見てそう感じる。少しは "さざん" が少子化対策に貢献していることを期待しつつ，これからも学生を歓迎したいと思っている。

　夏休みや冬休みには，中高生のボランティアも受け入れている。大学生と違って，子どもの遊び相手をするというより自分がよく遊んでいるという感じである。赤ちゃんたちと過ごすことで，そのかわいらしさを体験するのはもちろんだが，ボランティア後のアンケートには，「自分も小さい時はこんな風に可愛がられたんだろうな」「両親に感謝したい」など，自分の親子関係を見つめるきっかけとなっているようだ。赤ちゃんの力はすごいと感じる。若い世代の人たちが，もっと "さざん" を訪れて，いろんなことを感じてもらえたら嬉しい。子育て支援の活動には，次世代を巻き込むことが大事なポイントである。

　学生以外にもボランティアの方がたくさん来てくださるのは，"さざん" のいいところである。スタッフとして関わらなくても，ちょっとした特技のある方，例えば縫い物が好きな方に「ちくちくボランティア」でお手玉を作ってもらったり，バス待ちのちょっとした時間を使って「ふきふきボランティア」でブロックの消毒をしてもらったり等々，気軽にボランティアに参加してもらえるようにいろんな工夫をしている。昼食の時間に「一緒にお弁当食べさせて〜」とやってきて，お母さんたちとワイワイおしゃべりしていく人もいる。これも立派なボランティアだ。

## 5　"さざん" 利用者の様子

　2014（平成26）年度は，開所して4年目になる。新しくできた施設ということもあって，開

所から3年間は試行錯誤の毎日だった。それでもコラボラで活動していることを"さざん"で広げようという試みは、少しずつ定着してきている。利用人数は年ごとに着実に増え、1日の利用者は平均25組、年間利用者は延べ1万人を超えるようになった（利用者集計、図1データ参照）。

4年目の4月からは、今まで月の利用人数が900人前後だったのに対し、1,000人を超える勢いになっている。時々、"さざん"の室内が狭くて申し訳ないと感じる時があるほどだ。

来所の動機は知り合いからの紹介が多く、HPや保健師さんの紹介などもあるが、友達を誘ってまた遊びに来るというパターンが一番多いようだ。隣接の区役所駐車場が広く、無料で、移動する距離も短いため、車での来所が7割もある。訪れやすいポイントがいくつかあるようだ。

ハロハロカフェと"さざん"は、歩いて10分程度のところにあるため、当初は、"さざん"の開設でハロハロカフェに来る人が少なくなるのではないかと心配したが、ハロハロカフェで"さざん"の宣伝をし、"さざん"でハロハロカフェの宣伝をしたので、どちらとも利用者が増えるという面白い結果となった。

私たちスタッフは、"さざん"の開所時から"訪れる人が、みんなで親子ふれあいルームを作っていこう"とメッセージを発信しながら、コラボラの雰囲気を伝えていった。

例えば、最初のころは、閉所間際に室内がおもちゃで散らかっていることもあったが、次第に利用者親子できれいに片づけてくれるようになった。また、片づけている子どもに対し、保護者以外の大人から「ありがとう」という言葉をかけてもらうようになり、子どもたちが親以外の大人とも触れ合う雰囲気が出てきた。

スタッフの動きとしては、月1回の会議を行い、「みんなでつくろう！　みんなで遊ぼう！」と書いたリーフレットを渡しながら、初めて来られた方に丁寧なインフォメーションを行って、スタッフが積極的に利用者のおしゃべりの場に入っていくことにした。初めて来た方が緊張しないように配慮したり、グループで話し込んでいるお母さんたちの中にもス〜ッと入っていき、"さざん"にいる大人全員が、子ども全員を見守る雰囲気を作るように仕掛けていった。

Cスタッフの活躍もあり、今ではおもちゃが散らかった時は、子どもがつまずかないように誰かがさりげなく片づけるようになり、閉所時間には、スタッフが手伝わなくても利用者の皆さんによってきれいに物が片づいている状態になった。時間はかかったが、コツコツと取り組んだ成果はあった。片づけだけでなく、利用者の雰囲気も積極的になった。初めて来所した方には、みんなで「お子さん、何ヶ月ですか？」と尋ねるのが合言葉になり、利用者の方がスタッフのように関わってくださることが増えてうれしく思っている。

利用者が足を運ぶきっかけのひとつにイベントがある。スタッフは、利用者のニーズを反映しながら、毎月いろいろな企画を考えている。お母さんたちの要望で一番多いのが、リラクゼーションなどの癒し系イベントだが、知ってほしいことや、スタッフが伝えたいことも交えて、「子育て講座」「養育者のリフレッシュ」「親子で楽しむ企画」「地域とのつながり」をバランスよく配置している。企画全般には、単に聞くだけの参加でなく、グループで話したり、お

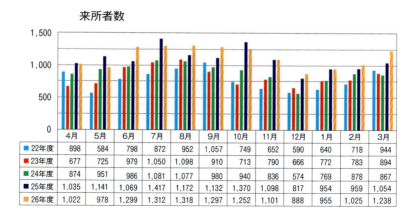

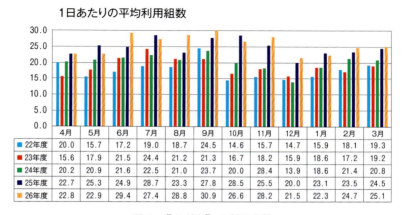

**図1 "さざん"の利用者数**

互いのアイデアを紹介したりできるように，スタッフがファシリテーターとして進行を行い，親自身が自ら気づく体験を大切にしている。

　現在の子育て情報は，欲しいと思えばすぐに手に入る状況であるが，情報が多すぎてどう選択していいのか困惑しているのが実情である。ネットなどで情報は知っていても「やってみたけどうまくいかない」「よそはどうしているのだろう？」と，同じ立場の人の話を聞くことはとても参考になるようだ。実際に会って話すことで，自分の子育てに合う方法を見つけることができるよう，企画の仕掛けはスタッフの腕の見せ所である。企画のないノンプログラムの日も，自由な交流が生まれている。仲良しのグループになっている方には，小倉南生涯学習センターの貸室利用を紹介し，無料でおもちゃを貸し出している。

　"さざん"が定期的に行っている「親育ち連続講座」でもグループになっていく利用者が多い。みんなで協力することで，可能になることがたくさんあることに気づけば，子育てはもっともっと楽しくなると思う。これからも，利用者のエンパワメントを引き出せるようなきっか

第 3 部　コラボラキャンパスネットワークへの想い

図 2　企画「トイレットトレーニング」の様子

けを作り，コラボラの楽しさを，"さざん"から地域へ広げていきたいと思う。

## コラム 1
# 地域貢献事業を担当して

　2007（平成 19）年度より北九州市立大学経営企画課地域貢献ラインに配属され，地域貢献事業を 3 年間担当した。コラボラキャンパスネットワークは 2006（平成 18）年 1 月より試行的に実施しはじめた事業であり，当時は事業開始から 2 年目の手探りで運用している段階であった。

　担当した 3 年間は，NPO の方々のバイタリティに驚かされる日々であった。「ハロハロカフェ」，「コラボラ菜園」，「ミニプレーパーク」などの定例活動に加え，講演会，ワークショップ，季節行事等のイベント企画が次々と提案された。大学としては，地域貢献事業の一環となることに加え，多世代交流が大学生の人間形成に有益な働きかけをすることを期待した事業である。キャンパスにいながらにして多世代交流ができる環境を，少しでも多くの大学生に活用してほしいとの思いがあった。そのため，その企画が「大学施設で実現可能な内容であるか」，「大学生も参加可能な企画であるか」という点は大学担当者としては気になるポイントであった。

　「大学施設で実現可能な内容であるか」という点について，大学生の教育の場として管理されている大学施設には様々な制約がある。その制約の中で多世代交流を行う環境づくりをするため，NPO の方々には多くの工夫と協力をしていただいた。例えば，大学には子どものための遊具は全くないが，芝生広場で段ボールや自然素材を使った「ミニプレーパーク」を開催している。楽しそうに遊ぶ子どもたちの姿を見て，通りかかった大学生が遊びの輪に加わる。また，「コラボラ菜園」ではキャンパス内でプランターを使用して花や野菜を育てており，苗植えや収穫をイベントとして実施していた。祖父母世代の方々の指導のもと，子どもも大学生も一緒になって菜園体験を楽しんだ。このように，NPO の方々の多彩なアイデアにより，本学では多世代交流の風景が日常的なものとしてキャンパスに溶け込んでいる。

　また，「大学生も参加可能な企画であるか」という点について，講演会等のイベントのテーマは市民と大学生両方の興味を引くよう工夫していただいた。例えば，ライフデザインをテーマにした講演会では，企業で働く方から育児と仕事の両立に関する体験談を聞くことができるため，働きながら子育てをしている親世代はもちろん，これから就職活動を行う大学生にも興味深い内容であった。ただし，イベントの開催時期には注意を要した。イベント会場は大学の講義室を使用するが，当然のことながら授業期間中は授業優先で使用されており，イベントに

第3部　コラボラキャンパスネットワークへの想い

適した広さの会場を確保できないことがある。一方で，会場を確保しやすい授業期間外（夏期休業期間等）にイベントを開催すると，大学生の参加が少ないことが想定される。毎回，NPOの方々と相談しながら開催時期を設定していた。

　定例活動やイベントには，NPOのネットワークと，大学の広報手法を活かしたＰＲにより，多くの市民の方々に参加していただいた。しかし，大学を拠点とした活動でありながら，当初は大学生の参加が思うように見込めなかった。まずは事業について大学生に知ってもらうことが必要であると考え，学内広報にも力を入れた。NPOの方々と協力し，大学生向けチラシや立て看板の制作，大学ホームページの充実を行った。その結果，2007（平成19）年には学生サークルより事業参加の申し入れがあり，コラボラ会議に学生が構成員として参加するようになった。大学生の参加が徐々に根付いていることを実感した。

　事業開始から3年が経過した2009（平成21）年4月には，大学側でこれまでの事業実績と評価を検証し，試行的なモデル事業から本事業へと位置づけることと，今後もNPOとの緊密な連携のもと，事業を積極的に展開することが決定した。「地域に根ざした大学」を目指す本学にとって，コラボラキャンパスネットワークは地域貢献活動の代表的な事業となっていた。

　当時を振り返ると，事業を担当する上で，自身の大学時代のサークル活動経験も糧になっていたと感じる。毎週のサークル活動では，地域の祖父母世代の方々と生涯学習に関する学びを通して，キャンパスで交流する機会があった。人生の先輩方から多くのことを学び，自身の生き方について考えさせられた。また，県外出身で一人暮らしをしていたこともあり，地域の方々との繋がりは心強く，この地域に愛着を感じるようになった。この経験からも，コラボラキャンパスネットワークは，大学生がこの地域に生きる様々な世代の方と接し，多くの学びや気付きを得ることができる貴重な事業であると考えている。本学学生には，この北九州市立大学ならではの面白い取り組みをぜひ活用してほしい。

## コラム 2

# コラボラキャンパスネットワークとの連携
### 北九州市立大学の地域貢献の視点から

　北九州市立大学は 2005（平成 17）年度に地方独立行政法人化し，阿南理事長，矢田学長の新たな体制のもとで，第 1 期中期目標・中期計画がスタートしました。

　法人化後の業務や新規施策などに日々追われていた頃，永津経営企画担当局長（当時）のもとに冨安先生が来られ，小倉南区で活動している子育て支援団体が活動の拠点を探しているので力を貸してほしい，というご相談をいただきました。

　その後「ひまわり」，Bee の岩丸さんや中村さんとお会いし，活動拠点に大学を貸してほしい，大学との連携事業にも取り組むなど，ご要望や将来構想等を伺いました。

　初めてご相談内容やご要望を伺ったときには，非常に違和感を覚えました。もともと大学を利用するのは，一般の方を含めて基本的には大学生か大人でしたので，高校生ならまだしも，未就学児が大学構内に入ってきて大丈夫だろうか，活動拠点や連携事業といっても各団体に何ができて，またそれが大学にとって何かメリットがあるのだろうか，さらに学内で物損事故や怪我がおこった場合の対応や施設の維持管理，緊急連絡体制など，課題や懸案事項がたくさんありました。これらを考えるだけでも，当時は多忙を極めていましたので，非常に面倒な案件という認識だったことを思い出します。

　それでも，まずは週 1 回の活動拠点に最適な場所として候補に挙がった 4 号館の利用について，文学部の近藤副学長（当時）にご相談しました。意外にも，授業優先を前提として，快くお引き受けくださり，「特定の年代だけが集まる現在の大学は，社会の現状と乖離していて，障がい者やお年寄り，乳幼児まで幅広い年代が集うほうが学生にとってもいい影響がある。また小さな子どもたちや地域の方々に北九州市立大学に来てもらうことで，理解して応援してくださる "北九州市立大学ファン" を増やすチャンスと考えよう」と肯定的なご意見をいただきました。

　ひとまず活動拠点としての場所が確保できたことから，連携の協定締結というステップを踏んだ上で，事務局として事業を推進することとなりました。当時，私自身にも未就学児の子どもが 2 人おりましたので，ひとりの父親として改めて考えてみると，大学という場所は，公園や乳幼児のための施設等ほど遊具等は充実していませんが，車や周囲への騒音を気にする必要もなく，実は子どもたちにとって安全性の高い場所であることを再認識しました。

　その後は活動拠点としての連携だけでなく，公開講座等にも幅が広がり，また「女性の会」

145

第3部　コラボラキャンパスネットワークへの想い

の皆さんからも，学内で手が行き届いていなかった花壇や植木鉢等に花や野菜を植えていただき，学内環境が大きく改善しました。最初は少し距離を持っていた学生たちも徐々に興味関心を示し始め，コラボラキャンパスネットワークとの連携により，地域と大学が少しずつ融和していっているように感じました。

　連携事業が始まって少しした頃，大学とNPO等との連携についてマスコミの取材を受けることになり，取材対応用に「大学内でプレーパークを実施するのは難しい」という事務局回答案を作りました。プレーパークは"子どもたちの自由な発想や工夫で"，と言われても，場所も限られ，また穴を掘ったりされても困るので，大学はプレーパークに適した場所ではない，と考えたからでした。それを近藤副学長（当時）に事前説明したところ，「プレーパークが子どもたちの創意工夫でつくられるものなら，大学という場所の制約や困難があっても，むしろそれを乗り越えていくことが重要で，そこにプレーパークの意味があるのではないか」と諭されました。今思うと，この「大学という場所の制約や困難を乗り越えて」という考え方が，その後の両者の連携の理念的基盤になっているのではないかと思います。

　その後のコラボラキャンパスネットワークとの連携の充実，深化には，当時から今日まで様々な制約や困難があったと拝察しますが，両者の関係者の皆様のお知恵とご尽力により，今日まで継続してこられた事に深く敬意を表します。

　また，北九州市立大学とコラボラキャンパスネットワークとの連携は，北九州市立大学が全国の大学の地域貢献度で高く評価されている要素のひとつでもあり，今後も全国の大学のモデルとなるよう，益々の充実，発展をお祈りいたします。

# あとがき

　コラボラキャンパスネットワークの活動が始まって約10年。この節目の時に，本書の執筆を通して，その活動の歴史を振り返る機会を得たことは喜ばしい限りである。このあとがきを書いている時点においては，本書の出版に関われたことに対して，本当に感謝の気持ちでいっぱいである。しかし，近藤倫明学長からコラボラキャンパスネットワークについてまとめるようにと最初に指示を受けた時は，正直，私より適任者が居るはずなのに私で良いのかと悩んだことを覚えている。

　私は1998（平成10）年4月から北九州市立大学に勤務しているが，2006（平成18）年のコラボラキャンパスネットワークの立ち上げに全く関わっていない。その頃は，基盤教育センター情報教育部門の一人の教員として，文科系の学生に対する情報教育の在り方を追求することに情熱を傾けていた時期であり，コラボラキャンパスネットワークの存在にすら気付いていなかった。学内に子どもたちが沢山遊びに来ているなぁと思うぐらいであり，地域活動に全く関心がなかったと言ってもよい状況にあった。しかし，2009（平成21）年の地域創生学群設立から，私を取り巻く状況は一変した。2010（平成22）年からコラボラキャンパスネットワークと一緒に活動を始め，学生たちと一緒に地域の活性化のために何が必要なのかを考えていくようになると，その活動に段々と魅了されていった。そして，いつの間にか，私自身がコラボラキャンパスネットワークのファンになっていたのである。

　コラボラキャンパスネットワークの魅力の一つとして，大学のキャンパスの中で継続的に多世代交流活動を行っていることが挙げられる。少子高齢化が進み，核家族化が当たり前になってきた現在の日本において，世代を超えた交流が著しく減少してきている。自分にとって身近に感じることができなければ，自分とは関わりのない存在である。他の世代への無関心が増幅されていくと，地域で生活を営む人々の関係性が崩壊しかねない。人材を育成するべき大学の一教員としては，自分のことしか考えられないままで卒業してほしくない。学生たちには，それぞれの学問を専攻するだけでなく，世代を超えた交流活動に興味関心を持ってもらいたい。コラボラキャンパスネットワークは，北九州市立大学の北方キャンパスで活動を行っている。自分たちの生活範囲内でそのような活動が行われている幸せに，一人でも多くの学生たちが気付いてくれることを願っている。

　コラボラキャンパスネットワークには，その活動を末永く継続していってほしい。そして，活動に関わる学生たちには，自分たちが多世代交流を楽しむだけでなく，その素晴らしさをより多くの学生たちに伝えていってほしい。多世代交流の意義に気付いていない学生は多い。当

## あとがき

時の私のように，活動が行われていることを知らないのかもしれない。しかし，何かをきっかけに気付いてくれれば，その学生の世界は広がっていくであろう。もちろん，微力ながら私も手伝わせていただけたらと考えている。まずは，本書がその一助になってくれることを切に願うばかりである。

　最後に，本書の完成までにご協力いただいた多くの方々に謝意を表します。本書の発案者である近藤倫明学長を始め，それぞれの活動に忙しい中，執筆してくださった著者の皆さまには，本当に感謝しています。また，北九州市立大学の事務職員の皆さまや九州大学出版会の担当者の皆さまのご尽力がなければ，発刊には至らなかったと思います。誠にありがとうございます。この場をお借りして，御礼申し上げます。


　　2016（平成 28）年 10 月

地域創生学群

廣 渡 栄 寿

## コラボラキャンパスネットワーク　沿革

| 2004<br>H16 | 6 月 | 乳幼児子育てネットワーク・ひまわりが北九州市より「地域子育て支援モデル研究事業」受託<br>旧中島保育所にて「子育ち親育ちコラボラひろば」開始（高齢社会をよくする北九州女性の会が参画） |
|---|---|---|
| 2005<br>H17 | 12 月 | 上記事業終了 |
| 2006<br>H18 | 1〜3 月 | コラボラキャンパスネットワーク事業試行期間 |
| | 4 月 | コラボラキャンパスネットワークが正式発足<br>北九州市立大学と 3 つの NPO 団体（乳幼児子育てネットワーク・ひまわり，高齢社会をよくする北九州女性の会，NPO 法人北九州子育ち・親育ちエンパワメントセンター Bee）で協定書を交わす（4 団体で活動） |
| 2008<br>H20 | 4 月 | ミニプレイパーク事業開始 |
| | 9 月 | コラボラ通信第 1 号発行（以後，年間 2〜3 回発行） |
| 2009<br>H21 | 4 月 | コラボラキャンパスネットワークに NPO 法人 GGP ジェンダー・地球市民企画が参画（5 団体で活動）<br>地域創生学群　開設 |
| | 8 月 | コラボラキャンパスネットワークの活動が，内閣府の「平成 20 年度少子化社会対策に関する先進的取組事例調査」において，子育て支援やワーク・ライフ・バランスの推進に関する先進的な取組みとして内閣府 Web サイトで紹介される |
| | 10 月 | コラボラキャンパスネットワーク親子ふれあいルーム実行委員会が発足<br>（NPO 法人北九州子育ち・親育ちエンパワメントセンター Bee，乳幼児子育てネットワーク・ひまわり，高齢社会をよくする北九州女性の会が参画） |
| 2010<br>H22 | 2 月 | プレイセンター・ハロハロ事業開始<br>小倉南区親子ふれあいルーム"さざん"運営開始 |
| | 8 月 | 地域創生学群廣渡ゼミが参画（後に，地域創生学群多世代交流実習として活動）<br>第 1 回フシギ！サイエンスカフェ開催（以後，毎年開催） |
| 2013<br>H25 | 4 月 | コラボラキャンパスネットワークに NPO 法人スキルアップサービスが参画（6 団体で活動） |
| 2014<br>H26 | 3 月 | 地域創生学群多世代交流実習が解散 |
| | 4 月 | 地域創生学群学生有志が参画 |
| 2015<br>H27 | 5 月 | コラボラ学生部が発足 |
| 2016<br>H28 | 4 月 | コラボラキャンパスネットワークに Say！輪（セイリング）が参画（7 団体で活動） |

コラボラキャンパスネットワーク　　創刊号　2008年9月号
　　　　　　　　　　　　　　　　　コラボラキャンパスネットワーク運営委員会発行

# コラボラ 通信

## ようこそ！コラボラキャンパスネットワークへ

● 『コラボラキャンパスネットワーク』（愛称コラボラ）は、「北九州市立大学」「乳幼児子育てネットワーク・ひまわり」「NPO法人北九州子育ち・親育ちエンパワメントセンターBee」「高齢社会をよくする北九州女性の会」の4団体が協働し、多世代交流・地域づくりに関する事業を行っています。2006年1月から北九州市立大学で、4団体の個性を活かし合いながら活動に取り組んでいます。キャンパスで、世代を超えた交流の輪が広がっています。コラボラの多彩な活動を通して、一緒にいろいろなことを楽しみませんか？

## コラボラNEWS

### コラボラキャンパスネットワーク講演会　「子どもは遊ぶのがしごとっ！」

中島俊介先生
北九州市立大学
基盤教育センター教授

● 年数回、市民向け公開講座として、講演会を企画していますが、7月17日は、中島俊介先生をお迎えして、子どもの遊びについてご講演いただきました。
　子育て中の親から「外遊びしたいができない」「遊ばせるのが難しい」と、よく耳にします。先生のお話は面白くて笑いが絶えず、あっという間の2時間でしたが、「遊び」の本質を分りやすく語っていただき、子どもの遊びって、とても大事なんだと改めて気づかされました。講演会後は、キャンパスツアーも開催され、大学の中をクイズに答えながら見学を楽しみました。

76人の参加がありました。

## 活動団体紹介・・・・・・・・・・・・・・・・

[乳幼児子育てネットワーク・ひまわり]

### ★ハロハロカフェ（愛称ハロカフェ）

乳幼児親子、学生、地域の方々が、自分の責任で自由に過ごす多世代交流のスペースです。みんなで子どもたちを見守りながら、遊んだり、おしゃべりしながら、楽しく過ごしています。
いろいろな人との出会いも広がりますよ。

＊毎月第1・3・5水曜日、10:30～14:00　4号館2階
＊参加費：一家族100円 ＊コーヒー：50円　学生無料。

[NPO法人 北九州子育ち・親育ちエンパワメントセンターBee]

### ★ミニプレーパーク（外遊び）

市内初！定期的にプレーパーク活動をはじめました。大学の芝生ひろばで、ダンボールや草花や土などいろんな素材で遊べる場をつくっています。北九州市立大学芝生ひろばにて開催！

＊08年5月～09年1月の第2、4水曜日　10:30～14:30
＊参加費：一家族100円、学生無料。遊びに来てくださいね！

[高齢社会をよくする北九州女性の会]

### ★コラボラ菜園

本館2階テラスと4号館前で、季節の花や野菜を育てています。土作り、水やり、収穫、そしてそれを食べるまで、乳幼児から70歳代までの多世代で、共に経験し交流を深めています。お互いを知ることで、文化の伝承や地域づくりの一環になればと考えています。

もぎたてのナス最高

[北九州市立大学]

### ★地域に開かれた大学

毎週水曜日のキャンパスには、学生だけでなく乳幼児からシニアまでの地域の方々の姿が見られます。市民や学生の多世代交流を展開している"コラボラキャンパスネットワーク"の詳しい活動内容は大学ホームページをご覧ください。
http://www.kitakyu-u.ac.jp/

●子育て中の私達も、子どもと一緒にスタッフとして運営に関わっています。コーヒーを飲みながら、楽しくおしゃべりしませんか？

●芝生ひろばでのびのび遊ぶ！季節のうつろいを感じながら、いろいろなこと楽しんでいます。

●定期的に水やりをしています。菜園ボランティア募集中です！

●世代を超えて、みんなで中庭の草花に水やりへ。キャンパスに自然と交流の輪が広がっています。

---

### コラボラな人…①

「もしもし、今、ハロカフェで遊んでる！来る？」

**宇都 龍志さん**
北九州市立大学経済学部2年生・鹿児島県出身

●環境サークル「TIE-葉」（タイヨウ）で活動中。サークルでは総務担当、コラボラの活動にも参加。「時々、ハロカフェに遊びに行くと、新しい顔ぶれの親子や学生との出会いがあるので楽しみです」と宇都さん。いろいろな世代の人と交流できるのは、とてもいい経験になるとか。子どもたちに、大人気です！

---

### 編集後記…編集人　M

●ハロカフェで過ごしていたら、文学部の女子学生さんがふらり…。「方言の調査に協力してもらえませんか？」と。ハロカフェに行けば、いろいろな人が集まっていると、ウワサを聞きつけたとか。という訳で全面協力！大学で過ごす時間の中で、学生さんとおしゃべりできるのも楽しみ。こんな風に日常では出会えない人と触れあえるのも、コラボラが生み出すコミュニティの力ですね。「コラボラ通信」をよろしくお願いします。

# 執筆者一覧

■は編者を示す。肩書きは断りがなければ 2016 年度のもの。

■近藤倫明　北九州市立大学学長

以下，50 音順。

■岩丸明江　NPO 法人 GGP ジェンダー・地球市民企画　代表理事，
　　　　　　NPO 法人北九州子育ち・親育ちエンパワメントセンター Bee　理事

■大村昭子　北九州市立大学地域・研究支援課地域貢献係長（2013〜2015 年度）

■岡田華絵　乳幼児子育てネットワーク・ひまわり OB, Say！輪（セイリング）副代表

■香月純子　高齢社会をよくする北九州女性の会　会員（菜園活動担当）

■楠　凡之　北九州市立大学文学部人間関係学科教授

■佐藤美子　高齢社会をよくする北九州女性の会　事務局スタッフ

■堤　ちひろ　北九州市立大学学務第一課学部係

■恒吉紀寿　北九州市立大学文学部人間関係学科准教授

■冨安兆子　高齢社会をよくする北九州女性の会　代表

■中村雄美子　NPO 法人北九州子育ち・親育ちエンパワメントセンター Bee　代表理事

■中山賢彦　北九州市立大学企画課主査（2004 年度），経営企画課主査（2005〜2006 年度）

■平原寿賀子　小倉南区親子ふれあいルーム "さざん" 副代表

■廣渡栄寿　北九州市立大学基盤教育センター教授・地域創生学群兼任

■松田良輔　NPO 法人スキルアップサービス　代表理事

シリーズ 北九大の挑戦 5

コラボラキャンパスネットワーク
──世代を超えて結びつく大学と地域──

2017 年 3 月 24 日　初版発行

監　修　北九州市立大学

編　者　廣渡　栄寿

発行者　五十川直行

発行所　一般財団法人 九州大学出版会
　　　　〒814-0001　福岡市早良区百道浜 3-8-34
　　　　　　　　　　九州大学産学官連携
　　　　　　　　　　イノベーションプラザ 305
　　　　電話　092-833-9150
　　　　URL　http://kup.or.jp/
　　　　印刷・製本　大同印刷株式会社

© The University of Kitakyushu, 2017　　ISBN978-4-7985-0207-6

**シリーズ 北九大の挑戦**

## ① 学生サポート大作戦 ──寄りそう学生支援──

北九州市立大学［監修］　田部井世志子・生田カツエ［編］

本書は，大学全入時代の中で多様な学生が入学してくる現在，北九州市立大学で行なっている学生支援について，その仕組み作りから実践までの実態を，北方キャンパスでの取り組みを中心に記録したものである。学生サポート委員会の立ち上げ，早期支援システムの構築といったハード・ソフト両面の整備から，それら制度の中で日常的に行なわれている学生相談や保証人（保護者等）への対応の詳細まで，実際に使用している文書や資料等を掲載し，解説している。

## ②「自ら学ぶ大学」の秘密 ──地域課題にホンキで取り組む4年間──

北九州市立大学［監修］　眞鍋和博［著］

本書は，地域におけるこれからの大学のあり方について，北九州市立大学の地域創生学群をはじめとした取り組みを中心にまとめたものである。学生と教員が地域の「日常」を経験し続けながら，諸課題の解決に地域の方々と共に取り組んでいく姿は，少子高齢化に突入した時代の地域運営のモデルとなるだろう。

## ③ 教師が変わる，学生も変わる
### ファカルティ・ディベロップメントへの取り組み

北九州市立大学［監修］　中溝幸夫・松尾太加志［編］

本書は，北九州市立大学の教育改革，とりわけ「授業の質の向上」を目指した FD への取り組みをまとめたものである。その特色は，学長・理事長の大学トップをはじめ全学の教員が専門分野を超えて相互に行う授業のピアレビュー，学生の評価が高い授業の担当教員が行っている様々なアイデアに裏打ちされた授業工夫，そして新任教員への FD 研修である。本書には，これらの活動実態とその成果が詳しく紹介されており，大学に関わるすべての人に，これからの大学教育の在り方を考える上で有益な示唆を与える。

B5 判・各巻 1,800 円（税別）

---

**地域主権の時代をリードする**

# 北九州市立大学改革物語

矢田俊文（第 12 代北九州市立大学学長）［著］

法人化以降，受験者数の V 字型回復，留年者数 40％減，学生相談機能の集中，教員 39 名増，女性教員倍増，専任教員 40 名のセンター設置による教養教育の再生，地域創生学群の新設，ビジネス・スクールの設置，カーエレクトロニクス・大学院コースの開設，地域貢献日本一など，全国的に注目された北九州市立大学の大学改革の内容を現役学長（2010 年当時）が明らかにした。

四六判・280 頁・2,200 円（税別）

---

**九州大学出版会**